Michael Schröder

•

Scheidung – aber fair

D1727533

Michael Schröder

Scheidung – aber fair

Sorgerecht – Unterhalt – Umgangsrecht
Es geht auch friedlich, wenn die Vernunft siegt

Neues Unterhalts- und Verfahrensrecht
Düsseldorfer Tabelle 2009 mit Rechenbeispielen
Lebenspartnerschaft

Bibliografische Information Der Deutschen Bibliothek

Die Deutsche Bibliothek verzeichnet diese Publikation in der Deutschen Nationalbibliografie; detaillierte bibliografische Daten sind im Internet über http://dnb.ddb.de abrufbar.

ISBN 978-3-7093-0272-9

Konzeption und Realisation: Ariadne-Buch, Christine Proske, München
Redaktion: Ralf Lay

Umschlag: *stern* und buero8
Satz: KompetenzCenter, Mönchengladbach
© LINDE VERLAG WIEN Ges.m.b.H., Wien 2009
1210 Wien, Scheydgasse 24, Tel.: 0043/1/24630
www.lindeverlag.de
www.lindeverlag.at

Druck: Hans Jentzsch & Co. GmbH, 1210 Wien, Scheydgasse 31

Inhalt

Einleitung

Nun ist es also so weit. Die Krise in Ihrer Ehe ist derart vorangeschritten, dass Sie dieses Buch nehmen und es aufschlagen; denn Sie sind an einen Punkt gelangt, an dem Sie die offenen Fragen für Ihre Zukunft klären möchten.

Sicherlich weiß heute ein jeder mehr oder weniger, was es heißt, sich scheiden zu lassen. Schließlich sind Sie ja nicht der einzige Fall. Fast jede zweite Ehe wird geschieden. Sie befinden sich also in großer Gesellschaft. Aber die Einzelheiten sind ungeklärt und verunsichern Sie: Wo bleiben die Kinder? Was wird aus dem Haus und den Schulden? Muss ich Unterhalt zahlen? Oder kann ich auch nach neuer Rechtsprechung mit Unterhalt rechnen und reichen die Zahlungen zum Leben mit den Kindern aus?

Dieses Buch hilft Ihnen dabei, die Systeme des Familienrechts zu verstehen und Ihre Fragen zu klären. Als Ihr Begleiter in den nächsten Wochen und Monaten erläutert es Ihnen die Rechtslage Schritt für Schritt. Darstellungen, Tipps sowie Vorschläge und Anregungen runden das Bild ab, ohne Sie mit unnötiger Fachsimpelei zu belasten.

Die Rechtslage Schritt für Schritt

Schnell werden Sie in die Lage versetzt, selbst zu entscheiden, wie sich eine faire Auseinandersetzung verwirklichen lässt. Denn es geht allein um Sie und Ihre persönliche Situation. Mit den Erkenntnissen dieses Ratgebers sind Sie nicht nur gut gewappnet für die Massenverfahren vor den Familiengerichten, sondern

Sie verschaffen sich auch einen Wissensvorteil. Lassen Sie sich also inspirieren, um Ihren Weg zur fairen Scheidung zu finden.

Faire Lösung für alle

Keinesfalls dürfen Sie sich durch aktuelle Berichte im Fernsehen oder Zeitungsartikel von Ihrem Weg der Fairness abbringen lassen. Das Familienrecht ist im Umbruch und gleicht sich europäischen Familiengesetzen an. So wurde 2008 das komplette Unterhaltsrecht reformiert, und die Reform über das Verfahren in Familiensachen und in Angelegenheiten der freiwilligen Gerichtsbarkeit (FamFG) zum 1. 9. 2009 soll zu schnelleren Verfahren bei den Familiengerichten führen. Jugendämter werden nun immer beteiligt, in Familienstreitverfahren kann auf die Mediation verwiesen werden, und dem Richter werden zur schnelleren Abwicklung von Unterhaltsprozessen mehr Auskunftsmöglichkeiten an die Hand gegeben. Die Termini sind teilweise geändert, sodass es kein Scheidungsurteil, sondern nur noch einen Beschluss gibt. Ansonsten bleibt alles, wie es war. Genauso ändern sich etwa alle zwei Jahre die Düsseldorfer Kindesunterhaltstabellen.

Dieses Buch gibt Ihnen die Chance, die Reformen und die gesetzgeberische Intention zu verstehen und aktuell auf den Fall der Fälle vorbereitet zu sein. Durch einen solchen Wissensvorsprung ist es einfach, die Veränderungen zu erkennen und dementsprechend Lösungen zu finden, die beide Seiten zufriedenstellen. Nutzen Sie die erworbenen Kenntnisse und Hilfsmittel, um einen fairen Weg für sich und Ihren Partner zu finden.

KAPITEL 1

Die Entscheidung

Ist es in Ihrer Ehesituation tatsächlich schon so weit, dass Sie eine Scheidung anstreben? Haben Sie sich wirklich schon einmal intensiv und gewissenhaft gefragt, ob der Schritt eingeleitet werden soll? Ob Vertrauensbruch, Zerrüttung, hohe Verschuldung oder die unterschiedlichen Lebensträume – die Probleme in einer Ehe sind vielfältig. Doch meines Erachtens wird viel zu schnell an eine Scheidung gedacht oder der Wunsch nach einer Trennung geäußert. Dabei bedeutet bei Männern ein „Ja" grundsätzlich ein „Jein", bei Frauen grundsätzlich ein „Ja".

Die meisten Schwierigkeiten in einer Ehe ergeben sich häufig dadurch, dass man nicht mehr mit dem Partner spricht beziehungsweise nicht mehr mit ihm sprechen zu können glaubt. Seit Jahren, Monaten und Wochen ist man klärenden Gesprächen aus dem Weg gegangen. Selbst der Versuch, über die Krisenherde zu reden, artete schnell in Streit aus, der sich dann bei jeder Gelegenheit ausbreitete. Man meint, mit seiner Ehe am Ende zu sein. Für viele ist die Trennung nun ein schneller Ausweg aus den Problemen; sie scheint zunächst am attraktivsten, denn diese Situation ist ja bei vielen Paaren so oder so ähnlich gewesen und hat dort ebenfalls zur Scheidung geführt.

Miteinander reden

Doch sollte man die Frage, ob es wirklich notwendig ist, eine Scheidung in die Wege zu leiten, gründlich überlegen. Vielleicht ist doch noch nicht alles verloren.

Es ist ratsam, zunächst jede mögliche Maßnahme zu ergreifen, um die Ehe zu retten. Die wahrscheinlichen Ursachen des vermeintlichen Scheiterns sollten angesprochen und gemeinsam überdacht werden.

**Ehe-
beratung**

Dabei ist der Anwalt nicht unbedingt die erste Kontaktperson, die Sie aufsuchen sollten, denn seine Interessenlage ist eine andere. Vielmehr gibt es auch in Ihrer Nähe Familien- und Eheberatungsstellen, die eine fachkundige Beratung in solchen Krisensituationen geben können. Hier werden Ihnen größtenteils kostenlos von geschulten unparteiischen Mitarbeitern geführte Gespräche angeboten, die Sie auch allein wahrnehmen können, um Lösungen aus der Krise zu finden. Erst wenn derartige Möglichkeiten ausgeschöpft sind und Sie keine befriedigende Alternative gefunden haben, ist eine Scheidung wohl die sinnvollste Lösung.

TIPP

Springen Sie ruhig mal über Ihren Schatten und schlagen Sie Ihrem Partner ein Gespräch bei einer Beratungsstelle vor. Schaden kann es jedenfalls nicht, auch wenn Sie sich selbst beraten lassen.

KAPITEL 2

Das Scheidungsverfahren im Überblick

Sind Ihre Überlegungen so weit fortgeschritten, dass Sie die Scheidung Ihrer Ehe als einzigen Ausweg betrachten, wird es Zeit, sich mit dem Scheidungsverfahren auseinanderzusetzen. Um dieses mit seinen Finessen, Regeln und Fachbegriffen zu begreifen, ist es zunächst notwendig, sich einen Überblick zu verschaffen. Ansonsten sieht man womöglich den Wald vor lauter Bäumen nicht mehr und hat später Schwierigkeiten, die ineinandergreifenden Systeme und Entscheidungen des Familienrechts zu verstehen.

Das Verfahren

Das Scheidungsverfahren ist ein kompliziertes Antragsverfahren. Sein Ablauf wird von den Anträgen der Parteien gesteuert: Wer etwas will, muss es auch beantragen.

Aber bei einem Scheidungsverfahren geht es nicht nur um den Scheidungsantrag allein, sondern es werden gleichzeitig mehrere Angelegenheiten geregelt. Zwangsweise werden auf jeden Fall die erworbenen Rentenansprüche geteilt. Man kann jedoch freiwillig und zusätzlich per Antrag auch klären lassen, was mit den Kindern, dem Unterhalt, dem Hausrat, dem Vermögen und so weiter geschehen soll. Es können also je nach den einzelnen Lebensumständen verschiedene

**Renten-
ansprüche**

**Verbunds-
verfahren**

Angelegenheiten in einem Scheidungsverfahren geregelt werden. Der Gesetzgeber verbindet diese Anträge zu einem Verfahren und entscheidet in einer Entscheidung über alle Anträge gemeinsam. Aus diesem Grunde spricht man von einem Verbundsverfahren.

Der Ausspruch der Scheidung soll erst dann erfolgen, wenn alle zu regelnden Angelegenheiten des Scheidungsverbundsverfahrens entscheidungsreif sind. Dies kann im Einzelfall Jahre dauern, insbesondere dann, wenn ein so genannter Rosenkrieg ausbricht, also vehemente Streitigkeiten zwischen den Parteien auftreten. Der Gesetzgeber kennt diese Schwierigkeiten und lässt – um solche Verfahren zu beschleunigen – nach zwei Jahren eine Abtrennung aus dem Verbund für das streitige Verfahren zu.

Nach der Reform, die im September 2009 in Kraft treten wird, geht dies auch schneller.

Eilantrag

Doch können manche Entscheidungen nicht auf die „lange Bank" geschoben werden. Dementsprechend bietet das Gesetz viele Möglichkeiten, Eilanträge zu stellen, wenn eine rasche Entscheidung geboten ist. Dies kommt in der Berufspraxis vergleichsweise häufig vor, insbesondere in Kindschaftssachen. Relativ schnell – innerhalb weniger Tage – ist dann bei den Gerichten eine Entscheidung zu erzielen, teilweise sogar ohne die Anhörung der Parteien. Diese auf dem Eilwege erhaltenen so genannten Beschlüsse haben jedoch lediglich einen vorläufigen Charakter, da die endgültige Entscheidung des Gerichts ja noch abzuwarten ist; mit ihnen ist im Wesentlichen nur kurzfristiger Rechtsfrieden zu erlangen.

Kommt es schließlich zum Ausspruch der Scheidung – wie gesagt immer dann, wenn alle Verfahren entscheidungsreif sind –, wird die Ehe geschieden. Das Urteil beziehungsweise der Beschluss wird, sofern kein Rechtsmittel eingelegt wird, einen Monat später rechtskräftig und gilt sodann.

Beweisgrundsätze

Nicht nur die Vielzahl der zu regelnden Fragen lässt das Scheidungsverfahren kompliziert erscheinen, hinzu kommt noch, dass die Verfahrensgrundsätze, insbesondere die Beweisgrundsätze, unterschiedlich gestaltet sind. So muss man im Unterhaltsverfahren belegen, dass man selbst unterhaltsbedürftig oder leistungsunfähig ist, in Kindschaftssachen ermittelt das Gericht von sich aus nach erfolgtem Antrag, was dem „Wohl des Kindes" am besten entspricht, und das sogar gegen gestellte Anträge. Es ist daher wichtig, zu wissen, in welchem Verfahren man sich befindet und wie die Beweisgrundsätze geregelt sind.

Verfahrensgrundsätze

Die Zuständigkeit

Zuständig für eine Scheidung sind immer die familienrechtlichen Abteilungen bei den Amtsgerichten, meist in dem Gerichtsbezirk, in dem die Ehe vollzogen wurde oder, wenn die Parteien in verschiedenen Gerichtsbezirken leben, wo sich nunmehr die Kinder befinden.

Für die Stellung eines Scheidungsantrags wird ein Rechtsanwalt benötigt. Er vertritt den Antragsteller und ist im Verfahren nur für diesen zuständig.

ACHTUNG

Ein Rechtsanwalt ist zwar ausreichend für ein Scheidungsverfahren, dies heißt jedoch nicht, dass er beide Parteien vertreten kann: ein aus Kostengründen beliebter Irrglaube, der weit verbreitet ist. Denn anders als ein Notar, der unparteiisch ist, darf ein Anwalt immer nur die Interessen seiner Partei vertreten.

Einzig und allein kann ein Anwalt beide Parteien vor dem Scheidungsverfahren beraten. Hier kann er feststellen, ob streitige Verfahren anstehen, und auf Einigungen hinweisen. Ab dem Scheidungsantrag ist er nur noch für seine Partei zuständig.

Jeder Partei ist es freigestellt, sich anwaltlich vertreten zu lassen. Geht es um Vermögensauseinandersetzungen oder Unterhalt, ist dies jedoch ratsam. Fachmännischer Rat ist in der Regel sein Geld wert.

KAPITEL 3

Die Verbundsverfahren

Für das weitere Vorgehen ist es notwendig, den Inhalt, die Regelungen und die Besonderheiten der einzelnen Verbundsverfahren kennenzulernen. Dabei können Sie selbst schnell feststellen, was für Ihre Lebenssituation zutreffend ist, wie der Gesetzgeber die Angelegenheit entscheiden würde und was für Sie die vermutliche Rechtsfolge sein wird. Mit diesem Wissen ausgestattet, werden Sie einerseits den Gesetzgeber besser verstehen, sodass Sie sich nicht benachteiligt fühlen. Andererseits gelingt es Ihnen aber auch, eine faire Auseinandersetzung mit Ihrem Partner zu erzielen, da Sie anhand der Gesetzeskenntnis eher eine auf Ihre Lebensverhältnisse besonders abgestellte Einigung finden können. Allein so lässt sich eine spezielle, für Ihre zukünftige Situation maßgeschneiderte, faire Lösung erzielen.

Individuelle Lösung

Obwohl die Verbundsverfahren im Rahmen *eines* Scheidungsverfahrens entschieden werden, sind Sie grundsätzlich isoliert zu betrachten und werden für sich allein entschieden. Dabei hat jedes Verfahren im Scheidungsverbund seine eigenen Regeln.

Hilfreich zum Verständnis ist folgendes Gedankenmodell: Man stellt sich ein Haus vor, auf dessen Dach das Wort „Familienrecht" steht. Das Haus hat verschiedene Etagen und Zimmer, die miteinander durch die Hausmauern verbunden sind. Um in das Haus zu gelangen, braucht man für die Eingangstür einen

**Das „Haus"
des Fami-
lienrechts**

Schlüssel (Antrag). Hat man die Tür aufgeschlossen, kann man sich im Haus zu den einzelnen Zimmern (Verbundsverfahren) bewegen. Auf jeder Zimmertür steht ein Name (zum Beispiel „Umgangsrecht"). Schließt man die Tür auf (Antrag), kann man sich in dem Zimmer bewegen. In diesem Zimmer – und nur in diesem – kann man sich nun argumentativ unterhalten. Andere Räume spielen bei der Argumentation keine Rolle; auch wenn sie benachbart sind.

Anhand dieses Gedankenmodells lässt sich plausibel erklären, warum manche Entscheidungen des Gerichts nicht verstanden werden. Von Mandanten hört man beispielsweise häufig Sätze wie „Du zahlst keinen Unterhalt, also darfst du auch die Kinder nicht sehen". Bei einer solchen Argumentation werden vom juristischen Laien zwei Verfahren argumentativ miteinander vermengt, nämlich das Unterhalts- und das Umgangsrechtsverfahren. Doch ist diese Logik nur „menschlich" nachvollziehbar, nicht aber rechtlich zu vertreten.

Befindet man sich – nach dem Gedankenmodell – im „Umgangszimmer", darf man nur Argumentationen finden, die den Umgang betreffen, sich mithin im gleichen „Zimmer" befinden (Zeit, Holen/Bringen, Absprachen, Wohl des Kindes und so weiter), keinesfalls Argumente aus dem „Nachbarzimmer Unterhalt" (Geldzahlungen). Denn ob ich leistungsfähig oder -unfähig bin, wird im Unterhaltsverfahren festgestellt. Dessen Ausgang hat aber keine Konsequenzen auf das Umgangsrecht. Auch wer aufgrund seiner wirtschaftlichen Situation nicht in der Lage ist, Unterhalt zu leisten, darf natürlich trotzdem weiterhin seine Kinder sehen, denn der Umgang dient dem Wohl des Kindes.

Eine Vermengung der Argumentation in den einzelnen Verfahren, selbst wenn es häufig scheinbar um die gleiche Angelegenheit geht, sollte man also vermeiden. Man muss sich immer deutlich machen, um was es gerade geht, und nicht alles, was auf dem Tisch liegt, miteinander vermengen.

Vermengung der Verfahren

Der Scheidungsantrag

Spricht man von einem Scheidungsverfahren, geht es natürlich zunächst einmal um die Scheidung selbst. Auch wenn es so nicht ausdrücklich formuliert wird, ist der Scheidungsantrag der Hauptantrag im Scheidungsverfahren, an den die Verbundsverfahren anknüpfen.

Bei den Scheidungsvoraussetzungen ist der Gesetzgeber vom Schuld- auf das Zerrüttungsprinzip umgestiegen. Während früher eine Scheidung nur durchgeführt werden durfte, wenn einem Gatten ein Verschulden nachgewiesen werden konnte, kann eine Ehe nach heutigen Grundsätzen allein dann geschieden werden, wenn sie zerrüttet ist.

Zerrüttungsprinzip

Von Zerrüttung spricht man, wenn eine Ehe gescheitert ist. Gescheitert ist eine Ehe, wenn die Lebensgemeinschaft nicht mehr besteht und nicht erwartet werden kann, dass die Ehegatten sie wiederherstellen. Nach diesem Grundsatz müssen Sie also beweisen, dass die Ehe gescheitert ist. Für einen solchen Beweis sieht das Gesetz folgende Möglichkeiten vor:

- Die Ehegatten leben mindestens ein Jahr getrennt, und beide wollen die Scheidung. Kurze Versöhnungsversuche unterbrechen die Trennungsfrist nicht.
- Die Ehegatten leben mindestens ein Jahr getrennt, und nur ein Ehegatte will die Scheidung. Hier prüft das Gericht nach, ob die Ehe wirklich gescheitert ist. Ihm genügt es in der Regel, dass ein Beteiligter die Fortführung der Ehe für sich ausschließt.
- Das Ehepaar lebt drei Jahre voneinander getrennt. In diesem Fall kommt es auf den Willen des anderen nicht mehr an, denn es wird unwiderleglich vermutet, dass die Ehe gescheitert ist.
- In Ausnahmefällen, bei einer so genannten unzumutbaren Härte, kann eine Ehe auch ohne die Einhaltung der Trennungszeit geschieden werden (zum Beispiel bei Fällen von Alkoholismus oder Gewaltanwendung).

Diese Scheidungsvoraussetzungen klingen zunächst ziemlich anspruchsvoll, sie sind in der Praxis aber problemlos zu beweisen. Entscheidend ist, dass die Parteien ein Jahr getrennt sind. Damit ist gemeint, dass sie getrennt „von Tisch und Bett" leben. Mit anderen Worten: allein haushalten – was allerdings auch unter einem Dach möglich ist. Ein Auszug aus der gemeinsamen Wohnung verdeutlicht die Trennung nur.

Allein haushalten

Ferner wird erörtert, ob erwartet werden kann, dass die Lebensgemeinschaft zukünftig wiederhergestellt wird. Ist sowohl das Trennungsjahr vollzogen als auch eine Wiederherstellung der Gemeinschaft abgelehnt worden, sind die Voraussetzungen zur Scheidung gegeben. Die Erfüllung dieser Anforderungen wird in der mündlichen Verhandlung von Ihnen – als Partei – erfragt.

In manchen Fällen kommt es vor, dass ein Ehepartner die Scheidung nicht will, da er den anderen noch liebt und die Lebensgemeinschaft keineswegs als gescheitert ansieht. Hier sei gleich ganz deutlich darauf hingewiesen, dass Sie sich gegen einen Scheidungswunsch nur bedingt wehren können. Man mag das Ganze mit erneuten Versöhnungsversuchen und Partnergesprächen hinauszögern; geschieden werden Sie aber auf jeden Fall. Dies umso mehr, wenn der Partner die so genannte Zerrüttung der Ehe als unumstößlich ansieht und keinesfalls mehr zurückkommen will. Eine gewollte Scheidung kann man eben nicht verhindern.

Es ist lediglich eine einzige Ausnahme im Gesetz normiert, bei der das Gericht die Parteien nicht scheiden kann. Gemeint sind die Fälle schwerer Krankheit, in denen der Tod eines Ehegatten absehbar ist. In allen übrigen würde eine Ehe – spätestens nach drei Jahren – geschieden werden.

Schwere Krankheit kann Scheidung verhindern

Häufig ist nach einer Trennung noch nicht das letzte Wort gesprochen. Schon nach kurzer Zeit sieht man möglicherweise seine eigenen Fehler ein oder verzeiht die Fehler seines Partners und versucht, der Ehe nochmals eine Chance zu geben. Solche Verhaltensweisen sind auch dem Gesetzgeber bekannt. Er bezeichnet diese zutreffend als „Versöhnungsphasen". Sollte Ihre Ehe dadurch zu retten sein, scheuen Sie sich nicht, eine solche Versöhnungsphase einzuleiten. Schädlich für die Einhaltung des Trennungszeitraums – also für die Jahresfrist – sind diese Versuche nicht, sofern sie vorübergehend sind. Der alte Trennungszeitpunkt bleibt dabei erhalten.

**Tren-
nungszeit-
punkt
schriftlich
festhalten**

Übrigens kann der Trennungszeitpunkt von den Parteien selbst festgelegt werden! Dies wird unter Umständen eine schnelle Scheidung fördern, wenn sich beide über das Datum einig sind. Da Sie später unabhängig voneinander im Scheidungstermin vom Familienrichter befragt werden, ist es vorteilhaft, den Trennungszeitpunkt schriftlich festzuhalten.

ACHTUNG

Der Trennungszeitpunkt hat auch wesentliche Konsequenzen in Unterhaltsfragen. Nur familienbedingte Kredite, die bereits vor dem Trennungszeitpunkt genommen wurden, werden bei Unterhaltsberechnungen berücksichtigt. Kredite, die erst nach der Trennung aufgenommen worden sind, spielen bei der Berechnung keine Rolle mehr.

Das Versorgungsausgleichsverfahren

Mit der Scheidung findet zwischen den Parteien, sofern dies nicht bereits ein Jahr zuvor durch einen Ehevertrag ausgeschlossen worden ist, ein Versorgungsausgleich statt.

Sinn und Zweck des 1977 eingeführten Versorgungsausgleichs ist es vor allem, der geschiedenen Hausfrau, die aufgrund ihrer Haushaltsführung selbst keine Rentenbeiträge einzahlen konnte, eine eigenständige Versicherung zu verschaffen. Im Gegensatz zur Zeit davor sollte sie nunmehr selbst einen eigenen unmittelbaren Anspruch an die Rentenversicherung haben und nicht auf die Auszahlungen des geschiedenen Ehegatten im Alter angewiesen sein.

**Eigener
Renten-
anspruch**

Der Gesetzgeber ist grundsätzlich verpflichtet, neben der Scheidung die erworbenen Ansprüche auf eine

Versorgung wegen Alters, Berufs- oder Erwerbsunfähigkeit auszugleichen. Hiermit sind die Renten- oder Pensionsansprüche, Betriebsrenten oder Lebensversicherungen sowie sonstige ähnliche Versorgungen auf Rentenbasis gemeint.

Zur Durchführung des Versorgungsausgleichs wendet der Gesetzgeber einen Trick an. Er setzt die Parteien des Scheidungsverfahrens quasi in Rente und gleicht die jeweils erworbenen Rentenanwartschaften, also die bereits erworbenen zukünftigen Rentenansprüche, von Ihnen und Ihrem Ehegatten aus.

Dazu sendet das Gericht Ihnen umfangreiche Fragebögen, in denen Sie Ihre erworbenen Ansprüche bei allen Rentenkassen mitteilen müssen. Zur Auskunft besteht eine Pflicht, welche gegebenenfalls durch Zwangsmittel durchgesetzt werden kann. **Auskunftspflicht**

TIPP

Die dem Gericht erteilte Auskunft Ihres Ehepartners wird Ihnen oder Ihrem Anwalt zur Kontrolle zugesandt. Achten Sie darauf, dass Ihr Ehegatte die Angaben vollständig erteilt hat. Sind alle Lebensversicherungen und Betriebsrenten auch benannt? Ansonsten fällt Ihr Anspruch möglicherweise geringer aus.

Dann fragt das Gericht nach Erhalt der von Ihnen beigebrachten Unterlagen bei den Rentenkassen nach, wie viele Anwartschaften jeder für sich gesehen erworben hat. Maßgeblich nach aktueller Rechtsprechung sind nur die erworbenen Rentenanwartschaften auf Rentenbasis innerhalb der Ehezeit, also zwischen dem Zeitpunkt der Heirat bis zur Stellung des Scheidungsantrags. Denn in die Berechnung fallen keinesfalls solche Anwartschaften, die Sie vor Ihrer Ehe erworben haben.

Splitting-
verfahren

Die jeweiligen Rententräger ermitteln die sich aus der Auskunft ergebende Höhe der Anwartschaft und teilen das Ergebnis dem Gericht mit. Das Gericht gleicht nun im Wege von so genannten Splittingverfahren die Anwartschaften aus, indem es die Werte gegenüberstellt und die Hälfte der Differenz mit den höheren Anwartschaften auf das Konto mit den geringeren Anwartschaften überträgt.

BEISPIEL

Die Auskunft hat für den Ehemann Rentenanwartschaften in Höhe von 1.000,– € bei der gesetzlichen Rentenkasse und 500,– € bei der Betriebsrente ergeben. Die Ehegattin hatte durch die Kindererziehungszeiten und eine kurze Erwerbstätigkeit nur 200,– € erworben. Das Gericht teilt nun wie folgt auf:

Anwartschaften (Beiträge in €)	Mann	Frau
Rentenkasse	1.000	200
Betriebsrente	500	0
Ausgleich		
Rentenkasse	– 400	+ 400
Betriebsrente	– 250	+ 250
Eigene Anwartschaften	850	850

Mit dem Ausspruch der Scheidung weist der Familienrichter die Rentenkassen verbindlich an, den errechneten Ausgleich vorzunehmen. Dieser wird dann von der Rentenkasse durchgeführt. Besitzt ein Ehegatte kein Rentenkonto wird ein neues eingerichtet. Mit der Umschreibung der Rentenanwartschaften erwirbt der Begünstigte ein Leben lang eine Rente mit den abgezogenen oder übertragenen Rentenanwartschaften.

Nun können Sie natürlich sagen: „Wenn der Versorgungsausgleich ohnehin im Rahmen des Zwangsverbundes vom Gericht ausgeführt werden muss, kann ich ja nichts dagegen unternehmen." Vom Grundsatz her ist das richtig, aber man sollte doch genauer hinsehen, bevor man eine schwer erworbene Anwartschaft so ohne Weiteres aufgibt. Ein Ausschluss des Versorgungsausgleichs ist nicht nur durch einen notariellen Ehevertrag zu erwirken, sondern in manchen Fällen ist dies auch noch im Scheidungsverfahren möglich. Ein solcher Ausschluss bedarf in jedem Fall der Genehmigung des Familiengerichts und kommt in den Fällen der kurzen, unter einem Jahr dauernden Ehen, der groben Unbilligkeit, bei etwa gleichwertig hohen Anwartschaften oder durch die Zahlung eines Kapitalabfindungsbetrags in Betracht. Weitere rechtfertigende Umstände zum Ausschluss sind denkbar, müssen von Ihnen jedoch dem Gericht zur Genehmigung vorgetragen werden.

Ausschluss des Versorgungsausgleichs

Ist man zum Ausgleich verpflichtet worden, entsteht eine Lücke in den Versorgungsanwartschaften, die erheblich sein kann. Die späteren Rentenbezüge sind dann geringer. Sie haben in einem solchen Fall das Recht, die Verluste durch höhere Beitragszahlungen auszugleichen. Erfragen Sie bei Ihrem Rententräger die Möglichkeiten. Gegebenenfalls ist auch über eine private Zusatzversorgung nachzudenken.

Wiedererlangen der Rentenansprüche

Sollte das Gericht die Anwartschaften übertragen haben, gibt es für Sie nur noch eine Möglichkeit, bei der Sie Ihre Rentenansprüche eventuell wiedererlangen können. Und zwar wenn Ihr geschiedener Ehegatte vor dem Bezugszeitraum oder kurz danach verstirbt. Voraussetzung ist, dass der verstorbene geschiedene Ehegatte noch keine oder maximal zwei Jahresrenten bezogen hat. Die übertragenen Versorgungsanwartschaften werden dann auf Ihren Antrag hin wieder zurückübertragen.

Mit der Reform des Versorgungsausgleichsverfahrens zum 1. 9. 2009 ergeben sich wesentliche Veränderungen. Das Prinzip der Teilung bleibt zwar weiterhin bestehen, aber die Berechnung ändert sich. Danach werden nicht mehr nur Versorgungsanwartschaften auf Renten-, sondern auch auf Kapitalbasis geteilt. Es wird auch kein Splittingverfahren, sondern die Realteilung durchgeführt. Der Versorgungsausgleich nach altem Recht ist sicherlich nicht des Anwalts Liebling, weil die seitenlangen Berechnungen der Rentenkassen mit erheblichem Korrekturbedarf nicht mehr nachvollziehbar sind. Da nach neuem Recht jedoch jede erworbene Versorgung hälftig geteilt wird, ist die Berechnung überschaubarer, da es jeweils um Kapital-

werte geht. Egal, wo man Rentenanwartschaften erworben hat, gleich, wie diese aufgebaut worden sind,
alles wird hälftig geteilt, bezogen auf die Ehezeit: so
viele Anwartschaften, so viele Ansprüche.

Das Zugewinnverfahren

Die meisten Ehen in Deutschland leben im Güterstand
der Zugewinngemeinschaft. Dieser tritt automatisch
bei der Heirat ein, sofern er nicht durch einen notariellen Vertrag abgeändert wurde.

Im Rahmen der Zugewinngemeinschaft behält jeder **Zugewinn-**
Ehegatte sein eigenes Vermögen während der Ehe. So **gemein-**
kann auch jeder Ehegatte während der Ehe über sein **schaft**
Vermögen allein entscheiden und verfügen, indem er
zum Beispiel einen Gegenstand daraus verkauft, sofern dieser nicht sein ganzes Vermögen darstellt. Im
Rahmen der Zugewinngemeinschaft hat der Gatte
mithin keinen Einfluss auf das Vermögen des anderen.
Jeder kann im Prinzip mit seinem machen, was er will,
sofern die Entscheidungen nicht das Vermögen als
Ganzes betreffen. Dies auch dann, wenn es häufig
üblich ist, dass Familienentscheidungen gemeinsam
getroffen werden oder gemeinsam gehaushaltet wird.

Trotz der eben genannten Grundsätze gibt es bei
Ehen, die im Güterstand der Zugewinngemeinschaft
leben, bei Beendigung des Güterstands durch die
Scheidung einen Anspruch auf Auszahlung des Zuge **Anspruch**
winns. Das heißt, das erworbene Vermögen während **auf Auszah-**
der Ehe wird geteilt. Der Grund für diese Regelung **lung des**
liegt darin, dass in der Ehe meistens einer der Partner **Zugewinns**
finanziell zurücksteckt, indem er sich um den Haus-

halt und die Kindererziehung kümmert und somit dem anderen den Rücken zum Geldverdienen freihält. In einem solchen Fall sollen die erzielten finanziellen Vorteile der gemeinsam so geregelten Lebensführung bei der Scheidung auch gerecht aufgeteilt werden.

Ausgleich der Wertdifferenz Sollte eine der Parteien bei Ende der Ehe ein höheres Vermögen erzielt haben als die andere, so wird die Wertdifferenz ausgeglichen.

BEISPIEL

Herr und Frau Mustermann haben sich als Studenten ohne nennenswertes Vermögen kennengelernt und geheiratet. Sie hat dann das Studium abgebrochen und ihm den Haushalt geführt, während er arbeiten ging. Zum Ende der Ehe besaß Herr Mustermann ein Vermögen von 20.000,– €, Frau Mustermann besaß nichts.

Auf Antrag hat Herr Mustermann 10.000,– € als Zugewinn zu zahlen.

Während das Prinzip des Zugewinnverfahrens noch einfach zu verstehen ist, kommt es in der Praxis bei der Durchführung häufig zu Schwierigkeiten. Denn wenn's um Geld geht, ist der Streit meist schon programmiert.

Man muss natürlich erst einmal feststellen, was an Vermögen für jeden Ehegatten einzeln erzielt worden ist. **Auskunftsanspruch** Hierfür sieht das Gesetz einen Auskunftsanspruch vor, aufgrund dessen die eigenen Vermögenswerte jeweils dem anderen Ehepartner systematisch aufgestellt und mit Belegen nachprüfbar mitgeteilt werden müssen. Bei größeren Wertgegenständen (zum Beispiel eine Arztpraxis) können zur Wertermittlung sogar unparteiische Gutachten eingeholt werden.

Als Vermögen werden dabei alle objektiv bewertbaren Sachen oder Rechte, auch Forderungen sowie sonstige Positionen mit wirtschaftlichem Wert wie Sammlungen oder Bilder ermittelt.

> **TIPP**
>
> Bei Lebensversicherungen kommt es beim Zugewinn auf den jeweiligen Zeitwert, nicht auf den Rückkaufswert an. Bei Häusern ist der Verkehrswert relevant, der gerade in der heutigen Zeit erheblich vom Kaufpreis oder anderen herangezogenen Werten abweichen kann. Aufgrund des starken Überangebots auf dem Markt können sogar Abschläge vom Verkehrswert gemacht werden.

Um feststellen zu können, was den Zugewinnausgleichsanspruch ausmacht, muss zunächst ermittelt werden, was vor der Ehe da gewesen und was nunmehr vorhanden ist. Juristisch ausgedrückt, muss das Anfangs- und Endvermögen jedes Ehegatten ermittelt werden. Als Stichtage für die Berechnung gelten der Tag der standesamtlichen Trauung (Anfangsvermögen) und der Tag der Zustellung des Scheidungsantrags (Endvermögen).

Anfangs- und End- vermögen

Zum Anfangsvermögen zählen alle aktiven und passiven Werte, die man zu Beginn einer Ehe hatte. Ebenso werden auch Schenkungen und Erbschaften während der Ehezeit dazugerechnet.

Hat man das Anfangsvermögen ermittelt, muss man anschließend die Wertsteigerung anhand der Kaufkraft ermitteln. Mit der Kaufkraft meint man, dass 100,– DM, vor 20 Jahren auf dem Sparbuch angelegt, eine andere Kaufkraft als nur heute in Euro umgerechnet darstellen würden. Juristisch gesprochen, wird der ermittelte Anfangswert indexiert. Für die Indexierung werden die Lebenshaltungskosten-Indizes des Statistischen Bundesamts herangezogen:

Lebens-haltungs-kosten-Index

$$\frac{\text{Anfangsvermögen} \times \text{Lebenshaltungskosten-Index zum Zeitpunkt des Scheidungsantrags}}{\text{Lebenshaltungskosten-Index zum Zeitpunkt der Heirat}}$$

Anschließend ist das Endvermögen zu ermitteln. Das Endvermögen ist das Vermögen, das ein Ehegatte nach Abzug der vorhandenen Schulden bei Zustellung des Scheidungsantrags hat.

Der erzielte Zugewinn eines Ehegatten während der Ehezeit ist der sich nach Abzug des Anfangsvermögens vom Endvermögen ergebende Betrag.

Übersteigt der Zugewinn eines Ehegatten den Zugewinn des anderen, so steht dem anderen die Hälfte des Überschusses als Ausgleichsanspruch, also als Zugewinnausgleich, zu.

30

Beispiel: (Beträge in €)

Anfangs-vermögen		Mann	Frau
Aktiva	Sparbuch	5.000	2.500
Passiva	Darlehen	1.000	0
Gesamt		4.000	2.500
Indexiert		4.000	2.500
Endvermögen		100.000	100.000
Aktiva	Haus	100.000	100.000
	Aktienfonds	0	0
	Lebensversicherung	30.000	0
	Kapitalbetriebsrente	24.000	
	Auto	40.000	5.000
Passiva	Hypothek	50.000	50.000
	Konsumentenkredit	10.000	2.500
Gesamt		134.000	72.500
	Endvermögen	134.000	72.500
	− Anfangsvermögen	4.000	2.500
Zugewinne		130.000	70.000
Differenz		130.000	
		− 70.000	
		50.000	
Ausgleichspflicht		25.000	

Ein solcher Zugewinnanspruch verjährt in drei Jahren nach der rechtskräftigen Scheidung. Durch einen Antrag bei Gericht wird die Verjährung jedoch aufgehalten.

Der Zugewinnausgleichsbetrag, der sich nach der Berechnung ergibt, ist in der Regel mit Rechtskraft der Scheidung, also der tatsächlichen Beendigung des Güterstands, zu zahlen und ab diesem Zeitpunkt zu verzinsen.

Nun können zwischen dem Scheidungsantrag, also dem Stichtag des Endvermögens, und der tatsächlichen Beendigung des Güterstands mit der rechtskräftigen Scheidung Jahre liegen. Die errechneten Werte könnten dann gar nicht mehr vorhanden sein. Der damalige ermittelte Verkehrswert eines Hauses ist aufgrund der bestehenden Marktlage möglicherweise keinesfalls mehr zu ermitteln. Der errechnete Firmenwert ist eventuell nicht mehr gegeben, da das Unternehmen aufgrund der schlechten Wirtschaftslage mittlerweile Insolvenz anmelden musste. Aus diesem Grund hat der Gesetzgeber den zu zahlenden Zugewinnausgleichsbetrag auf den Wert des Vermögens begrenzt, der bei der Beendigung des Güterstands noch vorhanden ist. Niemand soll sich nämlich durch diese Veränderung neu verschulden, da sich die wirtschaftliche Veränderung auch der andere Ehegatte zurechnen lassen muss.

Begrenzter Zugewinnausgleich

> **TIPP**
>
> Sollten Sie bereits während der Trennung oder im Verfahren bemerken, dass Ihr Ehegatte anfängt, das vorhandene Vermögen zu verschleudern, zu verschenken, oder dass er sonstige illoyale Tricks anwendet, um das vorhandene Vermögen zu mindern, berichten Sie sofort Ihrem Anwalt davon.
>
> Im Gesetz sind verschiedene Rechtsinstitute verankert, die eine vorzeitige Sicherung des Vermögens ermöglichen, um die Verschwendungssucht zu untergraben.

Auch im Zugewinnverfahren verändert die Reform die bisherige Rechtslage. Eine der wesentlichsten Veränderungen ist der Umgang mit den Schulden beziehungsweise mit deren Abbau in der Ehezeit. Nach alter Rechtsprechung wird im Zugewinnverfahren nur mit positiven Endwerten gerechnet. War beispielsweise das Anfangsvermögen durch ein Darlehen überschuldet, so war das Anfangsvermögen gleich null. Wer Schulden hatte, besaß dementsprechend kein Anfangsvermögen. Diese Schulden wurden aber innerhalb der Ehezeit abgetragen. Der Abtrag verminderte das Endvermögen, wurde aber dennoch nicht mitgezählt. Dies wird als ungerecht angesehen und nach der Reform mit bedacht.

BEISPIEL

Herr Mustermann hatte bei der Eheschließung 30.000,– € Schulden und erzielte während der Ehezeit einen Vermögenszuwachs von 50.000,– €, sodass nach Rückführung der Schulden ein Endvermögen von 20.000,– € vorhanden war. Frau Mustermann war zunächst schuldenfrei und hat ein Endvermögen von 50.000,– €.

Nach der bisherigen Rechtsprechung werden negative Bestände nicht berücksichtigt, weswegen Frau Mustermann 15.000,– € als Zugewinnausgleichsanspruch zahlen muss (50.000,– € – 20.000,– € = 30.000,– € : 2 = 15.000,– €).

Nach der neuen Rechtsprechung wird der Schuldenabbau mit berücksichtigt. Im vorliegenden Fall ist kein Zugewinn erzielt worden (50.000,– € – 50.000,– € = 0,– €).

Das Hausratsverfahren

Das Hausratsverfahren hat in der Gerichtspraxis keine große Relevanz. Solche Verfahren kommen nur in den seltensten Fällen vor. Sie sollten dennoch wissen, wie der Hausrat geteilt wird, denn spätestens bei der räumlichen Trennung fällt dieses Problem an.

Grundsatz der Billigkeit

Der Gesetzgeber kennt keine festen Aufteilungskriterien, sondern wendet die Grundsätze der „Billigkeit" an. Das Gericht wird – sofern man es konsultiert – versuchen, den Hausrat zwischen den Eheleuten gleichmäßig aufzuteilen. Dabei spielt der Wert der Gegenstände keine Rolle, sondern es geht vielmehr um

**Wert-
ausgleich**

die Frage, wer mit den betreffenden Objekten sinn-voller umgehen kann oder wer sie dringender be-nötigt. Gegebenenfalls ist dann zum Schluss ein Wert-ausgleich zu leisten.

TIPP

Streiten um den Haushalt lohnt sich in der Regel nicht. Häufig sind Gerichts- und Anwaltsgebühren höher, als Ihnen der Hausrat wert sein kann. Erzielen Sie lieber schnell eine Einigung, die Sie schriftlich fixieren sollten. Sonst werden immer wieder Forderungen wie „Ich brauche noch …" gestellt. Solche Situationen führen schnell zu Streitherden. Besser ist es, den Hausrat ein für alle Mal zu teilen. Eine großzügige einvernehmliche Teilung fördert die faire Auseinandersetzung und vermeidet Streit. Ein Muster zur Hausratsteilung finden Sie in Anhang I.

Informieren Sie Ihren Anwalt darüber, wenn der Hausrat geteilt ist. Sofern Sie ihm zusätzlich eine Kopie der schriftlichen Hausratsteilung vorlegen, kann er spätere erneute Forderungen schlicht ablehnen.

Also stellt sich zunächst die Frage, was zum Hausrat gehört. Juristisch ausgedrückt, sind dies alle beweglichen Gegenstände, die nicht in den Zugewinn fallen. Konkreter: die Gegenstände, die Sie im alltäglichen Leben üblicherweise in der Familie oder im Haushalt verwenden. So kann auch das antike Essgeschirr, das zu feierlichen Anlässen aus dem Schrank geholt wird, oder das teure Bild an der Wand, das nicht im Safe liegt, zum Hausrat zählen. Mithin gehören alle Gegenstände dazu, die Sie täglich benutzen, angefangen von der Spülmaschine bis hin zum Duschhandtuch. Nur solche Gegenstände zählen nicht zum Hausrat, die entweder als Kapitalanlage angeschafft wurden oder den alleinigen persönlichen Bedürfnissen eines Ehegatten oder der Kinder dienen, wie zum Beispiel Kleidung, Schmuck und Andenken.

> **MERKE**
>
> Tiere fallen nicht unter den Hausrat. Ebenso nicht unter das Sorge- und Umgangsrecht. Für sie gibt es keine gesetzlichen Regelungen. Häufig verbleiben sie in der gewohnten Umgebung, und es werden Umgangsrechte vergeben. Einen durchsetzbaren Anspruch auf Herausgabe gibt es nicht.

Grundsätzlich wird jedoch nur solcher Hausrat geteilt, der beiden gemeinsam gehört und in der Ehe angeschafft wurde, so genannte Neuanschaffungen in der Ehezeit. Besaß einer von Ihnen etwas bereits vor der Ehe, kann er dies auch nach der Scheidung behalten. Dies gilt ebenso dann, wenn dieser Gegenstand während der Ehe durch einen neuen ersetzt werden musste. Das Recht am alten Eigentum wird auf die neuen Gegenstände übertragen. Hatten Sie vor der Ehe einen Schwarzweißfernseher und sind Sie nunmehr im Besitz eines Plasma-TVs, so steht das neue Gerät für das alte. Diese Regelung gilt auch, wenn der neue Apparat aus der Haushaltskasse bezahlt wurde.

Neuanschaffungen in der Ehezeit

Verteilt werden also nur Sachen, die nicht bereits vor der Eheschließung bei einem der Partner vorhanden waren und die keinen höchstpersönlichen Gegenstand darstellen.

Das gerichtliche Verfahren der Hausratsteilung unterscheidet sich durch eine vorläufige Regelung bei der Trennung und eine endgültige bei der Scheidung. Vorläufig werden lediglich bei Außerachtlassung der Eigentumsverhältnisse die Nutzungsverhältnisse geklärt, bei der endgültigen Regelung werden die Gegenstände auch neben der Nutzung zum Alleineigentum zugewiesen. Beide Verfahren, also vorläufig und endgültig, können bei Gericht auf Antrag hin geltend gemacht werden. Das Gericht entscheidet sodann nach Billigkeitsgründen und weist den Gegenstand zu.

Steht fest, wem der entsprechende Hausratsgegenstand zugewiesen wird, muss ein Wertausgleich geschaffen werden. Dieser kann so aussehen, dass beim nächsten Gegenstand der Wertausgleich verrechnet wird oder ein Ausgleich zu leisten ist.

Fahrzeug Nehmen wir zum Beispiel ein Auto. Hier stellt sich zunächst die Frage, ob es in den Zugewinn oder Hausrat fällt. Wurde das Auto als Familienfahrzeug für alltägliche Fahrten benutzt, also Einkaufsfahrten, Fahrten, um die gemeinsamen Kinder zu Schul- und Sportveranstaltungen zu bringen, und so weiter, dann ist es dem Hausrat zugehörig und kann einem Ehegatten nach Billigkeitskriterien zugewiesen werden. Ist das Fahrzeug nur für Dienstfahrten, als Drittfahrzeug oder Sammelobjekt benutzt worden, dann fällt es in den Zugewinn.

In vielen Ehen sind zwei Fahrzeuge vorhanden, sodass eine Teilung nicht schwerfallen wird. Jeder behält das von ihm bisher genutzte Auto. Es ist aber auch zu bedenken, auf welche Weise viele Fahrzeuge finanziert werden. Eventuell gehört das Kfz der Bank oder einer Leasingfirma. In solchen Fällen wird es nach den Kriterien der Billigkeit zugewiesen. Mit der Zuweisung muss jedoch auch die weitere Finanzierung geregelt werden. Aufgrund der Finanzierbarkeit oder der Eigentumsverhältnisse können vorläufige und endgültige Gerichtsentscheidungen durchaus voneinander abweichen.

> **TIPP**
>
> Beim Streit ums Auto werden häufig die laufenden Kosten nicht beachtet. Es geht meistens um den Wagen selbst, nicht jedoch – was viel realistischer wäre – darum, welche Ausgaben mit seiner Nutzung verbunden sind. Auf das Jahr gesehen sind Kosten für Benzin, Versicherungen, Reparaturen, aber auch Autowäschen, Parkgebühren und gelegentliche Bußgelder nicht unerheblich. Deshalb lohnt es sich in städtischer Umgebung, auf Bus und Bahn umzusteigen – auf das Auto zu verzichten und gegebenenfalls mal ein Fahrzeug zu mieten. Ebenso kann man in solchen Fällen über die Anschaffung eines kleineren Autos nachdenken.

Wie gesagt, letztlich lohnt sich der Streit beim Hausratverfahren meistens nicht, da der Wert der Gegenstände vergleichsweise zu gering ist. Hausrat kann immer ersetzt werden. Lassen Sie sich bei Ihren Entscheidungen zunächst von praktikablen Gesichtspunkten für vorläufige Regelungen, bei endgültigen von der Finanzierbarkeit und dem Eigentum leiten. Ein Weg findet sich immer.

Das Ehewohnungszuweisungsverfahren

Viel schwieriger und in der Praxis häufiger ist die Frage, wer in der ehelichen Wohnung bleiben darf, wenn keine Einigung erzielt werden kann.

Als „Ehewohnung" wird die Wohnung bezeichnet, in der sich das Familienleben abgespielt hat und wo der Lebensmittelpunkt war. Nur solche Wohnungen und nicht das Ferienapartment oder die Zweitwohnung am Arbeitsplatz können zugewiesen werden. **Lebensmittelpunkt**

Will man sich trennen, ist der Auszug eines Ehegatten programmiert, da das Zusammenleben unter einem

Schutz- und Wohnungs- zuweisungs- anträge

Dach trotz räumlicher und wirtschaftlicher Trennung zu Problemen führen kann. Doch kommt es unter Umständen zu erheblichen Streitereien darüber, wer die Wohnung verlassen soll, insbesondere wenn auch noch minderjährige Kinder vorhanden sind. Relativ schnell werden dann von Anwälten Schutz- und Wohnungszuweisungsanträge aufgrund des Gewaltschutzgesetzes gestellt, wobei oft weniger die tatsächliche Gefahr psychischer und körperlicher Gewalt als das Ziel der Wohnungszuweisung und der „Bannmeilen" im Vordergrund steht.

TIPP

Das 2001 eingeführte Gewaltschutzgesetz ist sehr häufig angewandt geworden. Maßnahmen nach diesem Gesetz kann man vor, neben und nach dem Scheidungsverfahren einleiten. Relativ schnell, durch Eilverfahren, erreicht man hiermit Ehewohnungszuweisungen und Kontaktverbote. Zwar hat die Gewalt in der Ehe nicht zugenommen, aber der Gewaltbegriff wird oft angewandt. Seit Einführung des Gesetzes sind die Zuweisungen in der Zahl gestiegen.

Bei körperlicher, aber auch bei psychischer Gewalt, die mehr oder weniger ja fast bei jedem Streit gegeben ist, wird das Gesetz angewandt. Leider ist dann immer schon ein „menschlicher Makel" aktenkundig, der auch Auswirkungen auf andere Verfahren haben kann.

In solchen Fällen wird es oft vernünftiger sein, auf die Ehewohnung zu verzichten und auszuziehen.

In Wohnungszuweisungsverfahren wird wie teilweise beim Hausrat vorläufig und endgültig entschieden. Nach der Zuweisung steht einem Ehepartner die Wohnung zur alleinigen Nutzung zu.

Das Gericht prüft bei einer Gesamtabwägung aller Umstände die gegebenen Interessensituationen der

Parteien und entscheidet dann. Sind Kinder vorhanden, so entscheidet das Gericht nach dem Wohl der Kinder, da sie keinesfalls aus ihrer gewohnten Umgebung herausgerissen werden sollen.

Wohl der Kinder

Eigentums- und Vertragsverhältnisse an der gemeinsamen Wohnung spielen bei einer vorläufigen Regelung noch keine Rolle. Vielmehr sind die Kindesbelange, die Entfernung zum jeweiligen Arbeitsplatz und denkbare weitere Wohnumstände bei der Entscheidung von Relevanz.

Anders wählt das Gericht bei einer endgültigen Entscheidung seine Beurteilungskriterien. Hier spricht es die Wohnung meistens dem Eigentümer zu. Bei Mietwohnungen wird zusätzlich der Vermieter geladen, um seine Interessen zu beachten und eventuelle Veränderungen des Mietverhältnisses zu regeln.

BEACHTE

Bei Wohnungszuweisungen wird das Gericht nach Billigkeitsgrundsätzen und der Abwägung der Gesamtumstände entscheiden.

Ist die zu treffende Regelung vorläufig, wird es grundsätzlich den Versöhnungsaspekt mit beachten, denn die Ehegatten könnten ja wieder zusammenziehen. Es wird lediglich nach einer schnellen praktikablen Lösung gesucht.

Bei einer endgültigen Entscheidung spielen diese Aspekte keine Rolle mehr. Denn nun wird ja auch die Ehe geschieden. Dementsprechend sind die Vertrags- und Eigentumsverhältnisse relevant. Nur in Ausnahmen, wenn minderjährige Kinder vorhanden sind und in der Ehewohnung leben, kann es im Einzelfall zu anderen Entscheidungen kommen.

Beachten Sie, dass in beiden Fällen mit der Zuweisung auch Ausgaben verbunden sind, insbesondere doppelte Kosten, da sofort nach neuem Wohnraum gesucht werden muss.

**Eigen-
mächtige
Wohnungs-
nutzung**

Hinzuweisen sei noch darauf – ein typischer Fall aus der Rechtspraxis –, dass die eigenmächtige Wohnungsnutzung, so etwa durch das Auswechseln der Schlösser, rechtswidrig ist! Bis zu einem Auszug aus der Wohnung oder der Zuweisung der Wohnung haben beide Eheleute ein gemeinsames Wohnrecht, auch dann, wenn nur einer allein den Mietvertrag unterschrieben hat.

Das Sorgerechtsverfahren

Während es bisher um die Verteilung der Gelder und des Hausrats ging, geht es beim Sorgerecht um die gemeinsamen minderjährigen Kinder. Die dort zu treffenden Regelungen sind emotional viel entscheidender, denn hier steckt das eigene „Herzblut" drin …

Verständlicherweise möchten Sie, auch wenn Sie mit Ihrem Ehepartner nicht mehr zusammenleben wollen, keineswegs auf Ihre Kinder verzichten. Insbesondere wollen diese die Trennung nicht, denn sie verlieren dabei – bei wem auch immer sie schließlich bleiben werden – einen geliebten Elternteil. Und je jünger die Kinder sind, umso schwerer fällt es ihnen.

**Umgangs-
fragen**

Also stellt sich jetzt die Frage, was nach der Trennung aus den Kindern werden soll. Hierzu müssen Sorgerechts- und natürlich auch Umgangsfragen geregelt werden, denn nach der Trennung leben die Kinder in der Regel nur noch bei einem Elternteil.

Früher wurde im Rahmen einer Scheidung das alleinige Sorgerecht einem Elternteil zugesprochen. Diese Zeiten sind aber vorbei. Solche maßgeblichen Entscheidungen fallen heute nur noch bei besonderen

Umständen. Denn seit dem 1.7.1998 ist das Sorgerechtsverfahren grundsätzlich geändert. Heute muss über das Sorgerecht nicht mehr entschieden werden. Für Sie beziehungsweise für die Kinder bedeutet dies, dass Mutter und Vater bei allen wichtigen Kindesbelangen gemeinsam entscheiden dürfen respektive müssen. Auch nach der Scheidung bleibt also das gemeinsame Sorgerecht der Kindeseltern bestehen.

MERKE

Mit der Aufforderung zur Einleitung eines Scheidungsverfahrens ist der Anwalt beauftragt, die Lebensgemeinschaft der Ehegatten auseinanderzubringen. Beim Versorgungsausgleich, Zugewinn oder dem Hausrat ist eine endgültige Auseinandersetzung möglich.

Sind jedoch Kinder da, bleiben diese nach der Scheidung sozusagen als „Schnittmenge" weiterhin vorhanden. Egal, was passieren wird, Sie bleiben ein Leben lang die Eltern und müssen, solange die Kinder minderjährig sind, für diese gemeinsame Entscheidungen treffen. Das heißt, Sie müssen sich auch nach der Scheidung immer wieder mit Ihrem ehemaligen Partner über Kindesbelange unterhalten und einigen.

Es ist also für Ihre Kinder von großer Bedeutung, dass Sie sich fair auseinandersetzen, da ansonsten gemeinsame Entscheidungen selten möglich sein werden. Streit ist gerade hier ständig programmiert, auch in Zukunft, vor allem wenn die Kinder zur Durchsetzung der eigenen Zwecke eingesetzt werden.

Gemeinsame Sorge

Mit der gemeinsamen Sorge ist nicht gemeint, dass die Kinder nach der Scheidung bei beiden Elternteilen leben. Das ist zwar im Einzelfall durchaus möglich, nach der hiesigen Rechtsprechung jedoch nicht unbedingt vorgesehen.

Mit der gemeinsamen Sorge ist hierzulande nur gemeint, dass auch nach der Scheidung beide Eltern über die wesentlichen Angelegenheiten, die Kinder betreffend, gemeinsam entscheiden sollen. Die alltäglichen Entscheidungen sollen nach wie vor von dem Elternteil getroffen werden, bei dem die Kinder leben.

Das Sorgerecht – ein juristischer Begriff für die Kindesbelange – hat verschiedene Bestandteile:

- Aufenthaltsbestimmung,
- Gesundheitsfürsorge,
- Vermögensangelegenheiten,
- schulische Angelegenheiten,
- Religionsfragen und den
- Umgang mit Dritten.

Nach der Scheidung sollen also bei Beibehaltung der gemeinsamen Sorge Sie und Ihr Ehepartner weiterhin gemeinsam über diese Bestandteile entscheiden.

Alleiniges Sorgerecht

Ist es schier unmöglich, gemeinsam entscheidende Gespräche zu führen, steht es jedem Elternteil frei, das alleinige Sorgerecht zu beantragen. Praktikabler und meist von den Gerichten bevorzugt ist es, wenn nicht das gesamte Sorgerecht, sondern nur einige seiner Bestandteile übertragen werden.

> **TIPP**
>
> Leben die Kinder bei einem Elternteil, braucht dieser zum Beispiel bei schulischen, vermögensrechtlichen oder behördlichen Angelegenheiten häufig die Zustimmung in Form einer Unterschrift des anderen Elternteils. Dies ist unproblematisch, solange beide Eltern einen gepflegten Umgang und Kontakt nach der Scheidung haben und Kindesbelange gemeinsam zügig regeln.
> Problematisch wird es aber dann, wenn man diesen Unterschriften hinterherlaufen muss. Praktikabler ist es in einem solchen Fall, Bestandteile des Sorgerechts einem der ehemaligen Partner zu übertragen.

Dennoch müssen Sie festlegen, bei welchem Elternteil die Kinder leben sollen. Wer von beiden hat genug Zeit, sich angemessen um die Kinder zu kümmern? Traditionelle Rollenmodelle sind hier längst im Wandel begriffen, so gibt es zum Beispiel immer mehr Väter, die ihren Beruf auch von zu Hause ausüben können. Aber die Frage ist genauso von Bedeutung, wenn beide Eltern gleich gut in der Lage sind, die Kinder zu betreuen.

Väter-erziehung

Als Hilfe zur Entscheidungsfindung stehen Ihnen in der Regel kostenfreie familienrechtliche Beratungsstellen zur Verfügung, meistens bei den Jugendämtern in Ihrer Stadt. Der frühzeitige Kontakt zu solchen Beratungsstellen kann häufig eine Eskalation bei diesem emotional sehr „geladenen" Thema verhindern.

Kommt es nicht zu einer Einigung, ist seitens des Gerichts über das Sorgerecht, genauer das Aufenthaltsbestimmungsrecht, zu entscheiden. Das Gericht soll und muss also bestimmen, bei welchem Elternteil die Kinder bleiben und welcher Elternteil ein Umgangsrecht erhält.

Aufenthalts-bestim-mungsrecht

Auch hier gibt es vorläufige und endgültige Entscheidungen, je nachdem, wie ein diesbezüglicher Antrag formuliert wird.

Viel wichtiger ist jedoch für Sie, dass Sie das nunmehr ablaufende Verfahren und die Entscheidungsvorgänge der Richter verstehen. Denn ähnlich wie im Hausratsverfahren – wo nach Billigkeitsgrundsätzen entschieden wird – entscheidet das Gericht hier nach dem Gesichtspunkt des „Wohl und Wehe des Kindes". In

„Freiwillige Gerichtsbarkeit"

beiden Verbundsverfahren werden die Verfahrensregeln und Beweisgrundsätze aus dem Gesetz der „freiwilligen Gerichtsbarkeit" entnommen. Besonders hieran ist, dass dem Familienrichter bei diesen Verfahrensregeln die Möglichkeit eingeräumt wird, selbständig zu ermitteln, um zu einer dem Kindeswohl dienenden Entscheidung zu gelangen. Der Richter ist bei seinen Erwägungen in der Angelegenheit quasi autark.

BEACHTE

Um dieses Verfahren zu verstehen, müssen Sie sich in die Position des Richters versetzen. Er kennt Sie und Ihre Kinder nicht. Dennoch soll er eine Entscheidung treffen, wenn eine Einigung der Eltern aufgrund der widerstreitenden Anträge nicht möglich erscheint. In den meisten Fällen sind beide Elternteile grundsätzlich dazu geeignet, die Kinder zu erziehen. Wie soll er also entscheiden? Dies gelingt ihm nur unter der Voraussetzung, dass er in seinen Ermittlungen zur Wahl einer Entscheidung nicht eingeschränkt ist.

Wissensvorsprung schaffen

In vielen sorgerechtlichen Streitigkeiten sind den Parteien die Machtstrukturen, das Verfahren und die dazu seitens der Gerichte verwendeten Mittel zur Entscheidungsfindung nicht bekannt. Gerade diese Punkte sind jedoch wichtig, um sich einen Wissensvorsprung zu verschaffen.

Fällt das Gericht eine Entscheidung, wird diese häufig nicht verstanden: „Wie konnte es nur so entscheiden? Das lag wohl an meinem Anwalt; das Gericht hat mich gar nicht zu meinen Wünschen angehört." Derartiges kann man von den Betroffenen oft vernehmen.

Dabei sind die Entscheidungen des Gerichts voraussehbar. Die Richter müssen ja immer zum Wohl der

Kinder entscheiden. Im Rahmen der ihnen eingeräumten Machtbefugnisse sind sie nicht an die gestellten Anträge gebunden, sie können auch – was selten geschieht – anders entscheiden. Sie haben die Jugendämter zu beteiligen und einzubinden, können die Parteien und die Kinder zu ihren Wünschen und Einstellungen anhören und gegebenenfalls sogar ein Sachverständigengutachten zu bestimmten Fragen einholen. In manchen Fällen können die Richter auch einen Ortstermin bestimmen.

Jugendamt

Neben diesen Verfahrensmöglichkeiten hat darüber hinaus die Rechtsprechung verschiedene Kriterien entwickelt, anhand deren die Gerichte ihre Entscheidungen fällen können.

Diese Kriterien lauten:

- Zu welchem Elternteil besteht eine größere Bindung? Dem Kind sollen möglichst viele Bindungen, also auch zu den Großeltern oder Freunden, erhalten bleiben.
- Welcher Elternteil hat die höhere Bindungstoleranz und kann den Kontakt zum anderen Elternteil am besten gewährleisten?
- Welcher Elternteil hat die Kinder bisher erzogen und welcher wird zukünftig besser für die Erziehung sorgen können?
- Wie lautet der Wunsch und Wille der Kinder?
- Wie stark wirkt sich die Geschwisterbindung aus?
- Welcher Elternteil hat zukünftig die besseren Betreuungsmöglichkeiten?
- Bei welchem Elternteil können die Kinder am besten ihre Lebensumstände weiterführen?

Wille der Kinder

**Gleich-
wertige
Beurteilung**

Diese seitens der Rechtsprechung entwickelten Kriterien werden geprüft und sind grundsätzlich gleichwertig zu beurteilen. Da die Kriterien gleichwertig sind, gibt der Richter sie quasi in die Waagschale der Justiz und spricht das Sorgerecht dem Elternteil zu, bei dem sich die Waagschale am meisten neigt.

MERKE

Der Richter entscheidet bei der Sorgerechtszuteilung nach folgenden Kriterien:

- Was ist der Inhalt der wechselseitigen Anträge?
- Was sagt der Bericht des Jugendamts aus?
- Was sind die Wünsche und Vorschläge der Kinder?
- Helfen die Entscheidungskriterien der Rechtsprechung?
- Benötige ich ein Gutachten?

**Bericht des
Jugendamts**

Versetzen Sie sich einmal in die Position eines Unparteiischen und spielen Sie die Entscheidungsvorgänge wie folgt durch: Die wechselseitigen Anträge liegen Ihnen als Richter vor. Sie holen nun einen Bericht des Jugendamts ein, das beim Verfahren beteiligt wird. Dieser Bericht sollte das soziale Umfeld der Kinder beschreiben und gegebenenfalls einen Vorschlag zur Entscheidung enthalten. Dazu kann es vorkommen, dass die Mitarbeiter des Jugendamts die Parteien selbst aufsuchen, um sich ein Bild zu machen. Denn der Richter wird aufgrund der Vielzahl der Fälle nur ausnahmsweise einen Ortstermin festlegen; er stützt sich fast ausschließlich auf die Aktenlage.

Der Richter kann sich aber ein eigenes Bild durch die Anhörung der Kinder machen. Dies geschieht nicht während der Verhandlung im Gerichtssaal, sondern vorher oder parallel im Richterzimmer, teilweise sogar in besonders hierfür eingerichteten Räumen. Es wird eine ungezwungene Gesprächsatmosphäre aufgebaut, um die Kinder nicht einzuschüchtern. Die Familienrichter haben bei solchen Befragungen in der Regel große Erfahrung und merken schnell, was Kinder wollen und bei welchen Antworten sie seitens eines Elternteils beeinflusst worden sind. Auf spielerische Art und Weise werden geschickt der wirkliche Wille und die wahren Wünsche hinterfragt, ohne dass das Kind dies bemerkt.

Befragung der Kinder

Je nach dem Alter der Kinder wird ihr geäußerter Wille mehr oder weniger zu berücksichtigen oder maßgeblich für die Entscheidung sein. Die Altersgrenzen sind dabei fließend, sie werden von den Gerichten jeweils auf den Einzelfall ausgelegt. Generell kann man jedoch unterscheiden zwischen den Altersgrenzen bis zum siebten Lebensjahr, vor, während und nach der Pubertät.

Je reifer das Kind ist und seinen Willen aus eigenem Interesse kundtun kann, umso mehr findet dieser Berücksichtigung im Verfahren. Einem 15-Jährigen kann man nur noch wenig vorschreiben, während dies bei einem Fünfjährigen durchaus möglich ist.

Ferner besteht für den Richter die Möglichkeit, in schwierigen Fällen ein kinderpsychologisches Gutachten einzuholen. Dies geschieht insbesondere dann, wenn neben dem Sorgerecht auch weitere Fragen wie der Umgang, Verhaltensauffälligkeiten der Kinder, Fragen der Erziehungsfähigkeit und sonstige Kind-

Psycholo-gisches Gutachten

Freie Beweis-würdigung

schaftsangelegenheiten geklärt werden müssen. Selbst wenn Sie ein solches Gutachten beantragten, hätte der Richter im Rahmen seiner freien Beweiswürdigung die Möglichkeit, ein solches nicht einzuholen. Er ist an Ihren Antrag nicht gebunden und kann aufgrund seiner Berufserfahrung aus eigenen Erwägungen heraus zum Wohle der Kinder entscheiden. Folgt der Richter Ihrem Antrag auf Einholung eines Gutachtens nicht, so ist ein solches für ihn bei seiner Entscheidungsfindung nicht notwendig.

Derartige Sachverständigengutachten werden seitens des Richters meistens nur dann eingeholt, wenn bestimmte, auf den Einzelfall abgestellte schwierige Probleme gelöst werden müssen. Es geht fast immer um Sonderfälle, bei denen Angelegenheiten außerhalb der „normalen" menschlichen und gesundheitlichen wie auch sozialen Belange einer Klärung bedürfen.

> **MERKE**
>
> Der Sachverständige kündigt seinen Gesprächstermin an. Setzen Sie sich vorher mit Ihrem Anwalt in Verbindung und besprechen Sie die Sachlage zur Vorbereitung auf den Gutachtertermin, damit Sie auf seine Fragen im Wesentlichen vorbereitet sind.
>
> Solche Gutachten sind für die Entscheidung des Gerichts grundlegend. Zwar besteht theoretisch die Möglichkeit, ein Ergänzungsgutachten einzuholen und die Befragung des Gutachters im Termin zu beantragen, doch kann man allgemein sagen, dass mit dem Ergebnis des Gutachtens auch das Ergebnis des Gerichts vorliegt. Denn der Richter wird sich nur in den seltensten Fällen gegen die Meinung des Sachverständigen entscheiden (auch unter dem Aspekt, dass er mit dem Gutachten seine Entscheidung untermauern kann).

Im Sorgerechtsverfahren ändert sich mit der Reform zum 1. 9. 2009 viel zum Vorteil. Während solche Verfahren bisher teilweise recht schleppend laufen, werden diese nach dem neuen Recht beschleunigt. Schon nach wenigen Wochen wird ein mündlicher Termin gemacht, und die Jugendämter sollen zu diesem Termin bereits eine Stellungnahme abgeben. Wie sich diese Anforderungen personell umsetzen lassen, bleibt noch abzuwarten. Der Richter kann neben den bereits beschriebenen Maßnahmen bei streitiger Entwicklung den Parteien die Teilnahme an Informationsgesprächen und Mediationen sowie sonstige Möglichkeiten der außergerichtlichen Streitbeilegung auferlegen. Alle neuen Maßnahmen zielen auf einen schnelleren Verfahrensablauf ab und helfen Ihnen bei einvernehmlichen Lösungen.

Das Umgangsrechtsverfahren

Die Neuerungen sind insbesondere im Umgangsrechtsverfahren von erheblicher Relevanz, da hier der Verweis der Gerichte auf die außergerichtliche Einigung eine große Rolle spielen kann. Ebenso ist das schnelle Tätigwerden der Jugendbehörden von Vorteil, um faire, praktikable Lösungen zu finden. Denn das Umgangsrechtsverfahren als Streitherd zwischen den Parteien auch über Jahre nach der Scheidung hinaus ist in der anwaltlichen Berufspraxis durchaus bekannt: Wie bereits angesprochen wurde, verbleibt die „Schnittmenge Kinder", und da dies einer der wenigen Punkte ist, derentwegen die ehemaligen Partner nach wie vor in Kontakt treten müssen, bleibt dementsprechend Zündstoff. Vermeiden kann man Konflikte hier nur, wenn das Umgangsrecht gut geplant und ordnungsgemäß ausgeübt wird. Deshalb ist es für Sie zunächst notwendig, dass Sie sich mit den hierfür

Konfliktpotenzial Umgangsrecht

herrschenden Regeln vertraut machen, um eine pragmatische Regelung zu finden, die Streitpotenzial möglichst ausschließt.

Wenn entschieden ist, bei wem die Kinder bleiben sollen, steht dem anderen Elternteil ein Umgangsrecht zu. Lässt man sich das Wort auf der Zunge zergehen: „Umgangsrecht mit den eigenen Kindern", dann kommt schon ein fader Beigeschmack auf. Nun sollen Sie Ihre Kinder nicht mehr täglich, sondern nur noch zu bestimmten Zeiten sehen. Ein großer Teil der Lebensfreude scheint Ihnen dadurch genommen zu sein.

Genau dieser Punkt ist nur eine Einstellungssache. Natürlich braucht weder ein umgangsrechtlicher Antrag noch eine umgangsrechtliche Lösung gesucht werden, wenn Sie sich auch ohne diese Regelungen **Intensiver** hinsichtlich des Kontakts zu Ihren Kindern mit Ihrem **Kontakt** Ehepartner einigen können. Doch hat die Erfahrung gezeigt, dass es auch für die gemeinsamen Kinder besser ist, wenn strikte Umgangszeiten geregelt sind. Durch das Umgangsrecht verschafft der Gesetzgeber den Parteien eine viel intensivere Form des Kontakts zu den Kindern. Denn er versteht den Inhalt des Kontakts so, dass Sie die gewährten Zeiträume vollständig als Beschäftigungszeit mit ihnen nutzen, also tatsächlich ausschließlich für sie da sein sollten, was Ihnen gerade im Zusammenleben mit Ihrem Ehegatten im Alltag und Arbeitsleben nicht möglich war.

Wenn wir einmal mehr die Metapher vom „Haus des Familienrechts" bemühen, stellt das Umgangsrecht ein eigenes „Zimmer" dar. Es hat nichts mit dem „Raum Sorgerecht oder Unterhalt" zu tun, denn es geht lediglich um den *Umgang*, was bei jeglicher Argumentation bedacht werden sollte.

Auch bei diesem Verfahren kann das Gericht autark zum Wohl der Kinder verfahren. Denn das Umgangsrecht ist als Kindesrecht ausgestaltet, da es dem Kindeswohl dienen soll. Aus diesem Grunde ist es auch nicht durch einen Gerichtsvollzieher vollstreckbar: Einen 16-Jährigen, der keinen Kontakt will, kann man nicht zum Umgang zwingen. **Kindesrecht**

Da der Umgang eines Kindes mit Vater und Mutter grundsätzlich für seine Entwicklung förderlich ist, wird es keinem Elternteil verwehrt, Kontakt mit seinem Kind zu haben. Probleme gibt es dementsprechend auch so gut wie nie auf der Eltern-Kinder-, sondern meistens auf der Elternebene, weil die Erwachsenen sich um die Ausübung, die Art und Weise und die Zeiten streiten. Den Kindern ist es in aller Regel immer recht, mit den Eltern zusammen zu sein, und sie freuen sich auf die Zeit, die sie gemeinsam verbringen.

Um eine friedliche Einigung zu erzielen, ist es sinnvoll beziehungsweise notwendig, sich mit den Regeln auseinanderzusetzen, damit Sie eine dauerhafte und friedliche Lösung finden und diesen Streitherd vermeiden, so gut es geht. **Friedliche Einigung**

Zum Umgangsrecht gibt es keine Faustregeln. Man kann aber sagen: Je großzügiger es gehandhabt wird, desto eher handeln Sie im Interesse der Kinder.

Da aber auch anderen Personen ein Umgangsrecht zusteht, zum Beispiel den Großeltern, oder die Kinder

**Zwei-
wöchiger
Rhythmus**

selbst mit zunehmendem Alter Verabredungen treffen, hat sich bei den Gerichten die Bevorzugung eines zweiwöchigen Rhythmus eingespielt. Das heißt, man darf alle zwei Wochen den Umgang mit seinen Kindern pflegen.

BEACHTE

„Was? – Nur alle zwei Wochen soll ich meine Kinder sehen können ...?!"

Betrachten Sie es einmal so: Der Gesetzgeber spricht zwar vom Umgangsrecht, Sie sollten dieses Recht aber grundsätzlich als *Pflicht* betrachten. In der normalen Arbeitswoche ist kaum Zeit, um einzukaufen, die Wäsche zu waschen, Behördengänge zu erledigen oder sonstige Angelegenheiten zu tätigen. Meistens hat das Ihr Ehegatte gemanagt, oder Sie taten es gemeinsam. Ihnen bleibt jetzt für diese Tätigkeiten nur das Wochenende. Aber das sollten Sie sich für Ihre Kinder reservieren. Beides geht nicht.

So betrachtet, ist es sinnvoll, nur alle zwei Wochen ein Umgangsrecht zu vereinbaren. Jetzt können Sie sich für diese Wochenenden den Rücken freihalten und die Zeit ausschließlich mit Ihren Lieben genießen. Diese werden es Ihnen mehr danken, als wenn Sie nur wenig Zeit für sie hätten, denn nun können Sie *ganz* und nicht nur bedingt für sie da sein.

In der Praxis hängt die Umgangszeit vom Alter der Kinder ab. Es fängt bei Stunden an (Säuglinge) und steigert sich über halbe Tage (Kleinstkinder bis zwei Jahre), bis Tage mit Übernachtungen in Betracht gezogen werden, in der Regel von freitags bis sonntags. Hinzu kommen noch die zu vereinbarenden Feiertags- und Ferienregelungen.

Natürlich können Sie mit Ihrem ehemaligen Partner darüber hinaus andere oder zusätzliche Vereinbarungen wie zum Beispiel Telefonkontakte treffen. Dies sei deutlich gesagt. Es gibt eben keine unverrückbaren Regeln beim Umgang. Je besser Sie sich weiterhin untereinander verstehen, umso reibungsloser läuft der Kontakt mit den Kindern. Doch ist es auch in solchen Fällen gut, eine gewisse Regelmäßigkeit einzuhalten. Kinder können sich so auf den Kontakt besser vorbereiten und freuen sich darauf. Ferner gibt der geregelte Kontakt dem betreuenden Elternteil eine größere Planungssicherheit. So kann er etwa in dieser Zeit etwas ohne die Kinder unternehmen.

**Telefon-
kontakte**

BEACHTE

Die vereinbarten Besuchszeiten sind strikt einzuhalten. Bereits bei häufiger vorkommenden Verspätungen von 15 Minuten bei den Hol-und-bring-Zeiten kann das Gericht zu einem Vermittlungsverfahren angerufen werden. Diese harte Regelung ist aber verständlich, denn wohl jeder weiß, wie „nervig" es sein kann, auf den anderen zu warten.

Gleiches gilt, wenn Besuchswochenenden kurzfristig abgesagt werden. Natürlich kann so etwas vorkommen, schon allein aus Krankheitsgründen. Aber ein derartiger Fall ist nicht gemeint. Gemeint sind solche Situationen, in denen Sie kurzfristig etwas „Besseres" vorhaben. Die Enttäuschung der Kinder, die sich auf den Kontakt mit Ihnen gefreut haben, ist riesig. Passiert so etwas häufiger, ist der Umgang gerade für die Kinder ungewiss. Eine solche Situation darf nicht eintreten. Denken Sie an die Umgangspflicht!

Kehren wir zu den gesetzlichen Verhaltensregeln beim Umgangsrecht zurück. Wenn der Umgang bei Ihnen ausgeübt wird, muss Ihre häusliche Umgebung kindgerecht sein. Das bedeutet einerseits, dass Betten und Spielzeug vorhanden sind, und andererseits, dass Sicherheitsvorkehrungen (zum Beispiel Autokindersitze) getroffen werden.

Hol- und Bringpflicht

Ferner besteht bei Umgangskontakten eine Hol-und-bring-Pflicht für denjenigen, der den Umgang ausübt. Schwierig wird es immer dann, wenn die Elternteile weit voneinander entfernt leben. Da man die jeweiligen Fahrtstrecken viermal absolvieren muss, kommen viele Kilometer zusammen. Hier bietet es sich beispielsweise an, den Besuch auf ein Wochenende im Monat zu beschränken, damit die Kinder nicht so viel im Auto sitzen müssen, und dafür eine umfangreiche Ferienregel zu treffen.

BEACHTE

Die Ausübung des Umgangsrechts ist unter Umständen mit erheblichen Kosten verbunden, die nicht mit dem Kindesunterhalt verrechnet werden können, sondern zusätzlich anfallen. Insbesondere wenn es um weite Entfernungen über 100 Kilometer geht, fällt allein dafür jeweils schon oft eine Tankfüllung an. Sprechen Sie in einem solchen Fall mit Ihrem Anwalt, damit diese Kosten des praktizierten Umgangs im Unterhaltsverfahren Berücksichtigung und Anrechnung finden.

Feiertags- und Ferien- regelungen

Neben Feiertags- und Festtagsregelungen, die wechselseitig jährlich vereinbart werden können, ist unbedingt an Alternativtermine zu denken, denn es kann immer mal etwas dazwischenkommen. Hier bietet es sich an, das jeweils kommende Wochenende als Alternative zu wählen, da bei einem Ausfall ansonsten zu lange Zeit bis zum nächsten Umgangskontakt vergeht. Ferienzeiten sollten frühzeitig im Jahr, spätestens nach der betrieblichen Klarstellung geregelt werden. Ein Beispiel für eine umgangsrechtliche Regelung wird in Anhang II vorgestellt.

Jedem bleibt es freigestellt, das Umgangsrecht selbst zu bestimmen. Sind Veranstaltungen der Kinder am

Wochenende zu besuchen, wie beispielsweise Sportveranstaltungen, müssen diese durch den Vorrang des
Umgangs für die Kinder ausfallen, es sei denn, Sie erklären sich bereit, diese Termine regelmäßig mit den
Kindern wahrzunehmen. Dies müssen Sie selbst entscheiden, eine Pflicht besteht jedoch nicht, da der
eigenständig zu gestaltende Umgang solchen Veranstaltungen vorgeht.

Beim Gestaltungsspielraum sollte bedacht werden,
dass das Wohl der Kinder im Vordergrund steht, dass
also solche Aktivitäten gewählt werden, die für sie am
besten sind und worauf sie sich freuen. Planen Sie
den Umgang mit den Kindern gemeinsam, denn sie
schätzen mehr ein eigenes gewähltes Vorhaben als ein
vorgegebenes. Teure Ausflüge in Freizeitparks oder
große, kostenintensive Geschenke führen in der Regel
zu Missmut beim anderen Elternteil und sollten wie
früher nur die Ausnahme darstellen. Viel wichtiger ist,
dass Sie Zeit für die Kinder haben und ihnen zuhören
und mit ihnen lachen können. Zu guter Letzt sollten
Sie auch die „normale" Erziehung nicht außer Acht
lassen.

**Gestal-
tungsspiel-
raum**

Konflikte mit dem anderen Elternteil sollten nie vor
den Kindern ausgetragen werden. Ebenso schwierig
ist die Konfrontation mit dem neuen Lebenspartner.
Kinder haben in beiden Fällen eine eigene Wahrnehmung. Die Rolle von Mutter und Vater sind tief einge-
prägt – der ewige Streit oder der neue Lebenspartner
passen einfach nicht ins Bild. Und gerade wenn es um
die Kindesbelange geht, sollte auf Elternebene besonders behutsam mit der Wahrnehmung der Kinder um-
gegangen werden. Diese ist immer kindlich und ein-

Keine Problemerörterung fach strukturiert. Es verbietet sich von selbst, die eigenen Probleme mit den Kindern zu erörtern oder von „vergangenen Tagen" zu sprechen. Kinder wollen das alles nicht hören und können es auch aufgrund ihres Alters meistens nicht verstehen und bewältigen. Richten Sie gemeinsam mit Ihren Kindern den Blick nach vorn und lassen Sie die Vergangenheit ruhen.

KAPITEL 4

Der Unterhaltsprozess

Häufig werden im Scheidungsverfahren Unterhaltsansprüche mit geltend gemacht. Bereits ab der Trennung müssen Sie mit solchen Forderungen rechnen oder können diese sogar selbst stellen.

Der Gesetzgeber hat nach jahrelanger Diskussion zum 1. 1. 2008 das Unterhaltsrecht erheblich reformiert. Die alte Rechtsprechung mit teilweise lebenslangen Unterhaltsansprüchen galt als nicht mehr zeitgemäß. Das neue Unterhaltsrecht, das nunmehr ständig durch die Rechtsprechung des BGH anhand von Einzelfällen verdeutlicht wird, stellt auf die wirtschaftliche Eigenverantwortung der Ehegatten nach der Trennung ab, fördert das Kindeswohl durch Sicherung der Unterhaltsansprüche und stellt eheliche und nichteheliche Elternteile gleich.

Eigenverantwortung

Wer noch von langen Unterhaltsansprüchen ausgeht, muss umdenken, denn sie sind nur noch die absolute Ausnahme. In vielen Teilen Europas gibt es nacheheliche Unterhaltsansprüche gar nicht, was ein Hinweis darauf sein kann, in welche Richtung auch unser Unterhaltsrecht sich entwickeln wird.

Die Rangfolge

Die Unterhaltsberechtigten sind nunmehr in Gruppen und Rangfolgen eingeteilt worden. Verwandte können so in folgender Reihenfolge Unterhalt geltend machen:

- *Erster Rang:* leibliche und adoptierte minderjährige Kinder und solche bis zum 21. Lebensjahr, sofern sie sich in der allgemeinen Schulausbildung befinden und noch unverheiratet im Haushalt eines Elternteils leben.
- *Zweiter Rang:* Elternteile, die wegen der Betreuung eines Kindes unterhaltsbedürftig sind, sowie Ehegatten bei einer Ehe von langer Dauer (über zehn Jahren).
- *Dritter Rang:* Ehegatten und geschiedene Ehegatten, die nicht unter den zweiten Rang fallen.
- *Vierter Rang:* Kinder, die nicht unter den ersten Rang fallen.
- *Fünfter Rang:* Enkelkinder und weitere Abkömmlinge.
- *Sechster Rang:* Eltern.
- *Siebter Rang:* Großeltern und weitere Verwandte aufsteigender Linie.

Minderjährige Kinder

Sichtbar wird, dass der Gesetzgeber zum Kindeswohl die minderjährigen Kinder vor allen weiteren Berechtigten vorrangig bedacht hat, indem er sie im ersten Rang aufführt. Aufgrund der nunmehr eingeführten Rangfolge kann es aber auch durchaus vorkommen, dass die erste Ehefrau hinter die zweite Ehefrau, die ein minderjähriges Kind betreut, zurücktritt, sodass sie leer ausgeht und keinen Unterhalt erhält. Dies wäre ein typisches Ergebnis der jetzt bestehenden Rangfolge, da dieser gemäß die zweite Ehefrau einen Rang höher als die erste Ehefrau steht. Gleiches gilt auch für den Fall, dass eine Kindesmutter gar nicht mit dem Vater des Kindes verheiratet war beziehungsweise ist! Die jetzt geltende Rangfolge macht ein völliges Umdenken im Hinblick auf die bislang bekannten Rechtsgrundsätze notwendig.

Der Selbstbehalt

Der Unterhaltsverpflichtete ist nicht dazu verpflichtet, von seinem Einkommen alle nur denkbar möglichen Unterhaltsansprüche zu erbringen. Er selbst wird vom Gesetzgeber geschützt, da er nach dem Gesetzestext ab dem Zeitpunkt nicht mehr zum Unterhalt verpflichtet werden kann, wenn er seinen eigenen angemessenen Unterhalt gefährdet. Man kann dem Unterhaltsverpflichteten also nicht endlos in die Tasche greifen, denn ein angemessener Rest zur Deckung des eigenen Lebensbedarfs muss ihm verbleiben.

Schutz des Unterhalts-verpflich-teten

In diesem Zusammenhang spricht man vom Selbstbehalt. Der Selbstbehalt drückt den gesetzlich festgesetzten Betrag aus, der einem Unterhaltsverpflichteten nach Abzug der Unterhaltsleistungen bleiben muss. Dieser Betrag fällt unterschiedlich aus, je nachdem, wer sich an den Verpflichteten wendet. Sind es minderjährige Kinder, so bleiben ihm mindestens 900,– €, wenn es andere Verwandte sind, 1.000,– €.

Die Einkommensberechnung

Nun könnte es sein, dass Sie erschrocken über den Betrag sind, der Ihnen als Selbstbehalt zur Deckung Ihres eigenen Lebensbedarfs zur Verfügung verbleibt. Aber keine Angst, diese Summe gilt lediglich als Bedarfskontrollbetrag.

Tatsächlich ist es so, dass der Gesetzgeber Ihre Lebensverhältnisse in der Ehezeit grundsätzlich berücksichtigt. Denn Schulden, Verpflichtungen und Kredite müssen auch nach der Scheidung weiter bedient wer-

Freibeträge den. Ebenso stehen Ihnen verschiedene Freibeträge zur Verfügung. Erst wenn alles abgezogen ist, wird der Unterhalt berechnet, und verbleiben muss der Selbstbehalt als Bedarfskontrollbetrag. Man spricht nämlich vom *unbereinigten* und *bereinigten* Einkommen.

Maßgeblich für jede Unterhaltsberechnung ist zunächst das unbereinigte durchschnittliche monatliche Einkommen des Verpflichteten. Um dieses zu ermitteln, addiert man beispielsweise die letzten zwölf Monatslöhne eines Arbeitnehmers. Zusätzlich zu berücksichtigen sind alle weiteren geldwerten Zuflüsse wie zum Beispiel Steuerrückzahlungen, Abfindungen, Gratifikationen, Aktiengewinne oder Mieteinnahmen. Also jeglicher geldwerte Zufluss, der in den vergangenen zwölf Monaten erzielt worden ist. Teilt man den Gesamtbetrag dann durch zwölf, so erreicht man ein durchschnittliches unbereinigtes Monatseinkommen.

Unterhaltsrechtlich relevante Einkünfte
- Einkünfte aus Erwerbstätigkeit
  Einkünfte aus nichtselbständiger Erwerbstätigkeit
  Einkünfte aus selbständiger Erwerbstätigkeit
  Überobligationsmäßige Einkünfte (Überstunden)
- Erwerbsersatzeinkünfte
  Renten und Pensionen
  Arbeitslosengeld
  Krankengeld und so weiter
- Einkünfte aus Vermögen
  Erträge aus Vermögen
  Einkünfte aus Verwertung des Vermögensstamms
- Sozialstaatliche Leistungen und freiwillige Zuwendungen Dritter
- Fiktive Einkünfte
- Wohnwertvorteile

Einzugehen ist noch auf zwei in der Berufspraxis häufig vorkommende Sonderprobleme bei der Einkommensberechnung.

Zunächst sei die Berechnung mit einem fiktiven Einkommen erwähnt, also mit Geld, das Sie gar nicht tatsächlich, sondern nur „erdacht" zur Verfügung haben. Falls Sie beispielsweise beabsichtigen, Ihren Arbeitsplatz zu kündigen, oder eine schuldhafte Kündigung provozieren, um sich Ihrer Unterhaltspflicht zu entziehen, kann Ihr altes erzieltes Einkommen fiktiv zur Berechnung herangezogen werden. Gleiches gilt, wenn Sie sich in der Erwerbslosigkeit nicht hinreichend um Arbeit bemühen. Sie sind nach dem Gesetz verpflichtet, Ihre ganze Kraft für die Erlangung eines Arbeitsplatzes einzusetzen, auch überregional. Liegen keine Erwerbsbemühungen vor, ist eine Obliegenheitsverletzung gegeben, und die Unterhaltsleistungen werden am alten Einkommen berechnet.

Allzu häufig fühlen sich die Verpflichteten „zu hart rangenommen". Sie spielen dann mit dem Gedanken, alles aufzugeben, und glauben, sich so vor ihren Pflichten drücken zu können. In solchen Fällen wird aber die Rechnung ohne den Wirt gemacht. Denn meistens gelingt dies nicht.

Weiterhin sei die Anrechnung von Wohnwertvorteilen genannt. Ein ebenso häufig vorkommender Sonderposten bei Unterhaltsverfahren, an den man im ersten Moment nicht denkt. Mit einem Wohnwertvorteil ist gemeint, dass Sie nach Auszug Ihrer Familie aus dem eigenen Haus dieses nunmehr allein be-

**Wohnwert-
vorteil**

wohnen. Das ist offensichtlich, aber wo liegt der angebliche Vorteil? Diesen sieht die Rechtsprechung darin gegeben, dass Sie gar nicht mehr so viel Wohnraum benötigen oder ihn auch anders verwerten, zum Beispiel vermieten könnten. Sie bewohnen ebenfalls den im Miteigentum stehenden Hausanteil Ihres Ehegatten umsonst. Darin ist der Vorteil zu sehen. Nun sagen Sie möglicherweise: „Aber ich habe doch den Abtrag zu zahlen, wer soll denn sonst die Darlehen bedienen?" Auch das ist zwar richtig, aber der von Ihnen gezahlte Abtrag für das Haus ist gerade aus juristischer Sicht nicht als Miete, sondern als Vermögensmehrung anzusehen. Irgendwann gehört Ihnen ja das Haus. Also zahlen Sie sich keine Kaltmiete, wohnen quasi umsonst. Dieser Umstand wird als Wohnwertvorteil angesehen. Die Position ist dem Einkommen hinzuzurechnen.

Nachdem nunmehr das unbereinigte durchschnittliche Monatseinkommen feststeht, wird es um Freibeträge und die aus der Ehezeit bestehenden Verpflichtungen bereinigt.

Fünf Prozent Der Gesetzgeber bewilligt Ihnen zunächst eine berufsbedingte Pauschale von fünf Prozent. Sollten Ihre betrieblichen Ausgaben höher sein, so müssen Sie diese konkret nachweisen.

Dann können die monatlichen familienbedingten Verpflichtungen in Abzug gebracht werden. Hierzu zählen neben Versicherungen und Steuern sämtliche in der Ehezeit familienbedingt aufgenommenen Darlehen, die monatlich bedient werden. Gleichfalls sind die festen, nicht verbrauchsabhängigen Hauskosten wie für den Schornsteinfeger, Verbandszahlungen oder regelmäßige Erhaltungskosten abzuziehen. Zu berücksichtigen sind ferner angemessene Vorsorgeleistungen für Renten- und Krankenkassen.

Vorsorge-leistungen

Erst wenn alle Kosten abgezogen sind, steht das für die Unterhaltsberechnung maßgebliche durchschnittliche bereinigte Einkommen fest. Hat man den bereinigten Betrag errechnet, kann man nunmehr in die Unterhaltsberechnungen einsteigen. Rechnete man nur mit dem unbereinigten Einkommen, würde es schwer, mit dem gesetzlich vorgegebenen Selbstbehalt auszukommen.

Bei der Berechnung des bereinigten Einkommens ist es ratsam, zukünftige, bereits jetzt sichtbare Veränderungen des Einkommens mit einfließen zu lassen. Solche sichtbaren Veränderungen liegen bei Steuerklassenänderungen, Kinderfreibeträgen und Familienzuschlägen vor, könnten sich aber auch durch abgelöste Darlehen oder den Wegfall von Versicherungen ergeben.

ACHTUNG

Der Anwalt kann nicht wissen, was Sie monatlich für Ihre Familie ausgeben. Ebenso kann er auf Ihren Gehaltsbelegen nicht unbedingt erkennen, was sich hinter zusätzlich erhaltenen Lohnpositionen verbirgt. Hier ist dringend Ihre Mitwirkung geboten.

Schauen Sie sich selbst Ihre Gehaltsbescheinigungen auf Sonderpositionen hin an und erklären Sie diese einzeln Ihrem Anwalt. Gleichfalls schauen Sie sich Ihre gesamten Kontoauszüge für das Berechnungsjahr an und streichen sich die Positionen an, die Sie für die Familie ausgegeben haben. Auch diese Ausgaben sind mit dem Anwalt durchzusprechen, um deren eventuelle Berücksichtigung zu erörtern.

Der Auskunftsanspruch

Um überhaupt feststellen zu können, ob jemand aufgrund seines Einkommens zum Unterhalt verpflichtet werden kann, sind im Gesetz Auskunftsansprüche vorgegeben. Denn immer dann, wenn man berechtigt über einen Zustand Informationen benötigt, der einen Anspruch familienrechtlicher Art zum Inhalt hat, kann man Auskunft verlangen. Dieser Auskunftsanspruch richtet sich im Unterhaltsverfahren auf die Einkommenssituation des zurückliegenden Jahres. Jeglicher geldwerter Zufluss soll dann benannt werden. Die erteilte Auskunft ist durch nachprüfbare Bescheinigungen zu belegen, beispielsweise durch die letzten zwölf Gehaltsnachweise.

ACHTUNG

Zwei wesentliche Dinge müssen Sie beim Thema Auskunftsanspruch bedenken.

Erstens dürfen Sie die Ihnen gesetzte Frist nicht unbeachtet verstreichen lassen. Halten Sie die Frist nicht ein, geben Sie einen Anlass zur Auskunftsklage. Da die Auskunft vollständig zu erbringen ist, bitten Sie deshalb lieber um Fristverlängerung, wenn es Ihnen unmöglich erscheint, sie in der geforderten Zeit zu erbringen, oder teilen Sie bei teilweiser erbrachter Auskunft mit, wann die Restunterlagen zugesandt werden.

Zweitens dürfen Sie nach erteilter Auskunft nicht erschrecken, wenn daraufhin eine viel zu hohe Unterhaltsforderung gestellt wird. Im Rahmen der Auskunft haben Sie ja nur Ihr Einkommen mitgeteilt. Natürlich ist dieses auch noch um Abzugspositionen zu bereinigen. Die sind jedoch noch nicht festgehalten. Teilen Sie also entweder gleich mit der Auskunft oder anschließend mit, dass die ehebedingten Ausgaben, die erneut einzeln zu belegen sind, Anrechnung finden müssen.

Eine Auskunft zum Einkommen kann nicht jederzeit, sondern nur im Rhythmus von zwei Jahren verlangt werden. Das ermöglicht die Kontrolle, ob sich die Einkommensverhältnisse seit den letzten Angaben verändert haben. Ein Auskunftsanspruch kann im Einzelfall aber auch früher gegeben sein, wenn es Anhaltspunkte dafür gibt, dass eine wesentliche Einkommensänderung vor Ablauf der Zwei-Jahres-Frist eingetreten ist, die unterhaltsrelevant wäre. Solche Umstände können beispielsweise ein Wechsel des Arbeitsplatzes, eine Beförderung oder eine Erbschaft sein.

Zwei Jahre

Der Kindesunterhalt

Steht das bereinigte durchschnittliche Einkommen fest, kann man den Kindesunterhalt berechnen.

Hierzu sollten Sie wissen, dass minderjährige und privilegierte Kinder des ersten Ranges grundsätzlich gegen beide Elternteile einen Unterhaltsanspruch haben. Dieser wird während der Ehezeit dadurch erbracht, dass die gemeinsamen Kinder durch Wohnraum, Kleidung, Essen, Taschengeld und Betreuung versorgt werden. Auch wenn das von Ihnen als normal angesehen wird, ist es eine Form der Unterhaltsgewährung.

Meistens bereits während der Trennung ändern sich die Verhältnisse, da die Kinder nur noch bei einem Elternteil leben. Daher hat der Gesetzgeber den Kindesunterhaltsanspruch, der sich gegen beide Elternteile richtet, aufgeteilt. Der eine Elternteil erbringt seine Unterhaltsverpflichtung dadurch, dass er die Kinder weiterhin betreut (Betreuungsunterhalt). Der andere Elternteil hat Unterhaltszahlungen zu leisten und

Betreuungs-unterhalt

65

Bar-
unterhalt

kommt seinen Verpflichtungen damit durch den so genannten Barunterhalt nach. Der Gesetzgeber hat diese zwei Unterhaltsleistungen wertmäßig gleichgestellt.

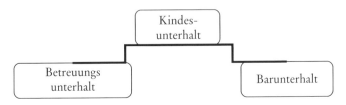

Die Aufteilung ist gerecht, auch wenn man gerade vom Barunterhaltspflichtigen eine gegenteilige Meinung dazu erhält. Denn die Betreuung von Kindern ist eine Ganztagsaufgabe und sollte „wertmäßig" nicht unterschätzt werden.

Nur derjenige ist nicht zu Unterhaltszahlungen verpflichtet, der bei solchen Verpflichtungen seinen eigenen Lebensbedarf gefährden würde. Mann nennt diese Situation Leistungsunfähigkeit.

Der Kindesunterhaltsanspruch ist in der Regel bis zum 18. Lebensjahr zu leisten. Sollte sich das Kind dann immer noch in der allgemeinen Schulausbildung befinden, sogar bis zum 21. Lebensjahr. Hier spricht man von so genannten privilegierten Kindern, die ebenfalls in den ersten Rang fallen.

Teilweise ist darüber hinaus bis zum Abschluss einer Ausbildung Unterhalt zu leisten. Dieser Anspruch kann sich aber auch noch über ein Studium ausdehnen, wobei die Regelstudienzeit zugrunde gelegt wird. Eigene Einkünfte muss sich das unterhaltsberechtigte Kind anrechnen lassen. Doch fallen solche Kinder dann nicht mehr in den ersten Rang und stehen daher eventuell hintenan. Für Kinder, die nicht mehr in der elterlichen Wohnung leben und sich noch in der Ausbildung befinden, wird ein Festbetrag von 640,– € angesetzt. Dieser ist von beiden Elternteilen anteilig nach ihren Gehältern zu entrichten.

Trotz solch klarer Regeln leben fast eine Million Kinder in Deutschland von der Sozialhilfe, weil unterhaltspflichtige Eltern nicht für sie zahlen. Umso verwunderlicher ist die Zahl, da es vorher in der Ehe solche Probleme nicht gegeben hat. Kinder waren noch nie ein Scheidungsgrund. Nach der Scheidung sollen sie dann zum Problem werden? Im Rahmen einer fairen Auseinandersetzung sollten Sie daran denken, dass Ihre Kinder Ihre Zukunft sind.

Sozialhilfe

In den meisten Fällen ist die Zahlung von Kindesunterhalt auch keine Frage. Problematischer wird die Angelegenheit nur dann, wenn keine faire Lösung gefunden wird. Dann fühlt sich der Zahlungspflichtige ausgenommen. Damit eine solche Situation nicht bei Ihnen eintritt, setzen Sie sich mit den Zahlbeträgen auseinander. Diese Zahlbeträge sind meines Erachtens die Basis für eine faire Scheidung, da sie unbedingt erbracht werden müssen. Alle weiteren Zahlungen sind eher diskutabel.

Der Kindesunterhalt für Kinder des ersten Ranges richtet sich nach der Düsseldorfer Tabelle. Für diese werden etwa alle zwei Jahre die Lebenshaltungskosten für Kinder in Familien errechnet. Als Basismodell dient dabei eine vierköpfige Familie. Es wird also zugrunde gelegt, dass ein Unterhaltsverpflichteter zwei

Kindern Unterhalt schuldet. Ist diese Situation nicht gegeben, so sind Ab- und Aufschläge in die jeweils nächsthöhere oder -niedrigere Einkommensgruppe möglich. Ist anstatt zwei Kindern nach dem Basismodell bei Ihnen nur eins vorhanden, werden Sie eine Gruppe tiefer eingeordnet.

Düsseldorfer Tabelle

Die Düsseldorfer Tabelle ist in Einkommens- (bereinigtes Einkommen) und Altersstufen der Kinder eingeteilt. Ferner wurde bei jeder Einkommensstufe für die Berechnung der verbleibende Bedarfskontrollbetrag (Selbstbehalt) ausgewiesen. Wird dieser bei Abzug des Kindesunterhalts nicht eingehalten, erfolgt eine Abstufung.

Düsseldorfer Tabelle (Stand 1. 1. 2009, Beträge in €)						
	Netto-einkommen (bereinigt)	Alters-0–5 Jahre	Alters-6–11 Jahre	Alters-12–17 Jahre	Alters-ab 18 Jahren	Bedarfs-kontroll-betrag
1.	bis 1.500	281	322	377	432	770/900
2.	1.501–1.900	296	339	396	454	1.000
3.	1.901–2.300	310	355	415	476	1.100
4.	2.301–2.700	324	371	434	497	1.200
5.	2.701–3.100	338	387	453	519	1.300
6.	3.101–3.500	360	413	483	553	1.400
7.	3.501–3.900	383	438	513	588	1.500
8.	3.901–4.300	405	464	543	623	1.600
9.	4.301–4.700	428	490	574	657	1.700
10.	4.701–5.100	450	516	604	692	1.800
11.	ab 5.101	nach den Umständen des Falles				
Aktualisierungen: siehe www.olgduesseldorf.de						

Ist das bereinigte durchschnittliche Monatseinkommen berechnet, lassen sich die Beträge für den Kindesunterhalt anhand der Düsseldorfer Tabelle leicht ermitteln. Man schaut, in welche Einkommensgruppe der Unterhaltsberechtigte fällt, und kann anhand des Alters der Kinder die vorgegebenen Sätze entnehmen.

Zuletzt überprüft man, ob nach Abzug der Tabellensätze des Kindesunterhalts vom Einkommen der Bedarfskontrollbetrag erhalten bleibt. Sollte das nicht der Fall sein, ist eine Stufe höher zu wählen. Sind mehr als zwei Kinder vorhanden, ist jeweils eine Einkommensstufe niedriger zu veranschlagen. Man muss so lange rechnen, bis der Bedarfskontrollbetrag übrig bleibt. In der ersten Einkommensgruppe werden zwei Bedarfskontrollbeträge genannt. Dabei gilt 770,– € für Nichtberufstätige, 900,– € für Berufstätige. Diese beiden Beträge werden auch als Selbstbehalt bezeichnet, der mindestens einzuhalten ist. Wird er nicht mehr gewährleistet, ist der Unterhaltsverpflichtete als leistungsunfähig anzusehen.

**Bedarfs-
kontroll-
betrag**

> **TIPP**
>
> Häufig wird vom Mindestkindesunterhalt gesprochen. Hierbei handelt es sich um eine aus dem Einkommensteuerrecht sich ergebende Definition für das Existenzminimum eines Kindes.
>
> Gemeint sind dabei die drei ersten Tabellenbeträge des ersten Ranges (281,– €, 322,– € und 377,– €). Das Existenzminimum, also der Mindestkindesunterhalt, sollte gewahrt werden.
>
> Gegebenenfalls wird der Verpflichtete aufgefordert, Kredite umzuschulden oder zum Ruhen zu bringen, damit der Mindestkindesunterhalt gewahrt wird. Dieser geht nämlich vor.

Die Berechnung ist hier aber noch nicht zu Ende. Denn bisher steht nur der Tabellenbetrag der Düsseldorfer Tabelle fest. Dieser entspricht jedoch nicht dem tatsächlichen Zahlbetrag. Denn es ist noch das (hälftige) Kindergeld anzurechnen, das der betreuende Elternteil bis zum 18. Lebensjahr des Kindes und darüber hinaus das Kind selbst erhält. Das Kindergeld steht nach dem Gesetz beiden Elternteilen jeweils zur Hälfte zu: Für die ersten zwei Kinder zahlt der Staat monatlich jeweils hälftig 82,– €, für das dritte Kind 85,– € und ab dem vierten 97,50 €. Dieses Geld wird auf jeden Fall bis zum 18. Lebensjahr gezahlt; wenn sich das Kind danach in einer Berufsausbildung befindet, sogar darüber hinaus. Die genannten hälftigen Beträge vom Kindergeld sind vom Tabellenbetrag abzuziehen.

Existenz-minimum

Seit dem 1. 1. 2001 ist jedoch der hälftige Abzug erst ab der sechsten Einkommensgruppe möglich. Das Bundesverfassungsgericht hatte nämlich entschieden, dass Kindern mindestens das Existenzminimum gezahlt werden muss. Das Existenzminimum entspricht 135 Prozent des Regelsatzes nach der Regelbetragsverordnung, was gerade der sechsten Einkommensgruppe der Düsseldorfer Tabelle entspricht. Ab dieser Stufe ist das hälftige Kindergeld voll abzuziehen, davor nur anteilig.

Anrechnung des (hälftigen) Kindergelds für das erste und zweite Kind von je 82,– € (ab 18 Jahren Abzug voll) (Beträge in €)			
Einkommen	Altersstufe 0–5 Jahre	Altersstufe 6–11 Jahre	Altersstufe 12–17 Jahre
bis 1.500	199	240	295
1.501-1.900	214	257	314
1.901–2.300	228	273	333
2.301–2.700	242	289	352
2.701–3.100	256	305	371
3.101–3.500	278	331	401
3.501–3.900	301	356	431
3.901–4.300	323	382	461
4.301–4.700	346	408	492
4.701–5.100	368	434	522

Anrechnung des (hälftigen) Kindergelds für das dritte Kind von je 85,– € (ab 18 Jahren Abzug voll) (Beträge in €)			
Einkommen	Altersstufe 0–5 Jahre	Altersstufe 6–11 Jahre	Altersstufe 12–17 Jahre
bis 1.500	196	237	292
1.501–1.900	211	254	311
1.901–2.300	225	270	330
2.301–2.700	239	286	349
2.701–3.100	253	302	368
3.101–3.500	275	328	398
3.501–3.900	298	353	428
3.901–4.300	320	379	458
4.301–4.700	343	405	489
4.701–5.100	365	431	519

Anrechnung des (hälftigen) Kindergelds für das vierte und jedes weitere Kind von je 97,50 € (ab 18 Jahren Abzug voll) (Beträge in €)			
Einkommen	Altersstufe 0–5 Jahre	Altersstufe 6–11 Jahre	Altersstufe 12–17 Jahre
bis 1.500	183,50	224,50	279,50
1.501–1.900	198,50	241,50	298,50
1.901–2.300	212,50	257,50	317,50
2.301–2.700	226,50	273,50	336,50
2.701–3.100	240,50	289,50	355,50
3.101–3.500	262,50	315,50	385,50
3.501–3.900	285,50	340,50	415,50
3.901–4.300	307,50	366,50	445,50
4.301–4.700	330,50	392,50	476,50
4.701–5.100	352,50	418,50	506,50

Nach Abzug des hälftigen oder anteiligen Kindergelds steht nunmehr die tatsächliche Summe fest. Nur dieser Betrag ist zu leisten.

BEISPIEL

Beispielberechnung zum Kindesunterhalt

Petra und Peter Mustermann haben im Jahr 2000 geheiratet und sich im Jahr 2009 zur Scheidung entschlossen. Aus der Ehe sind die gemeinsamen Kinder Paul (acht Jahre) und Paula (vier Jahre) hervorgegangen.

Peter Mustermann hatte als Chemielaborant im vergangenen Jahr ein durchschnittliches monatliches Nettoeinkommen von 3.600,– €. Petra Mustermann hat als Teilzeitkraft auf Geringfügigkeitsbasis monatlich durchschnittlich 400,– € verdient.

Peter bedient zwei Hausdarlehen (zu 420,– € und 200,– €) sowie einen Konsumentenkredit in Höhe von 100,– €.

Unbereinigtes Einkommen

Peter Mustermann	3.600,– €
– 5 Prozent berufsbedingte Pauschale	– 180,– €

– Hausdarlehen I	– 420,– €
– Hausdarlehen II	– 200,– €
– Konsumentenkredit	– 100,– €
Bereinigtes Einkommen Peter Mustermann	2.700,– €
Berechnung nach der vierten Einkommensgruppe	
Düsseldorfer Tabelle	
Kindesunterhalt Tabellenbetrag	
Paul Mustermann, acht Jahre, zweite Altersstufe	371,– €
Paula Mustermann, vier Jahre, erste Altersstufe	324,– €
Zahlbetrag nach Abzug hälftigen Kindergelds	
Paul Mustermann	289,– €
Paula Mustermann	242,– €
Kontrollberechnung/Selbstbehalt	
2.700,– € – 289,– € – 242,– € = 2.169,– €	
Der Selbstbehalt von 1.200,– € ist gewahrt.	1.200,– €

Wenn man sich nochmals die Düsseldorfer Tabelle, dort die Einkommens- und Altersstufen, und dann die Tabellen zu den Zahlbeträgen bei Anrechnung des hälftigen Kindergelds anschaut, kann man bereits relativ schnell zu einem groben Ergebnis gelangen. Sie werden jetzt vielleicht denken: „Wenn es ja auch so grob geht, warum soll ich dann eine komplizierte Rechnung anstellen?" – „Damit die Rechnung auch aufgeht", wäre dann die Antwort. Einerseits wird diese Berechnung benötigt, um weitere Unterhaltsansprüche zu ermitteln; andererseits ist es aber auch notwendig, sämtliche anfallenden Kosten mit einzubeziehen. Der Ihnen verbleibende Selbstbehalt ist nur dann ausreichend, wenn auch alle Ausgaben erfasst worden sind. Schon minimal fehlende Beträge greifen den Selbstbehalt an und könnten Ihr zukünftiges Leben erheblich einschränken.

Selbstbehalt

73

Der so errechnete Kindesunterhalt berücksichtigt alle regelmäßigen Lebensunterhaltskosten für Kinder. Im Normalfall hat der betreuende Elternteil mit diesen Zahlungen auszukommen. So sind von dem Betrag auch Ansparungen für Kleidung oder sonstige vorhersehbaren Ausgaben zu treffen. Dennoch ist es denkbar, dass außergewöhnliche, unregelmäßige, insbesondere unvorhersehbare Sonderausgaben bei Kindern anfallen können. Hierzu können Kindergartenkosten, **Schulbedarf** Nachhilfeunterricht, besonderer Schulbedarf wie zum Beispiel Bücher, eine Klassenfahrt oder erhöhte Ausgaben für die Gesundheit des Kindes wie etwa eine kieferorthopädische Behandlung zählen. Diese Ausgaben werden nicht vom regelmäßigen Unterhalt mit abgedeckt.

Der Gesetzgeber spricht bei solchen unvorhersehbaren Kosten vom Mehr- und Sonderbedarf. Beim *Mehrbedarf* handelt es sich um regelmäßig für einen längeren Zeitraum anfallende Kosten, welche die üblichen regelmäßigen Ausgaben übersteigen. *Sonderbedarf* ist dann gegeben, wenn ein außergewöhnlicher, unvorhersehbarer hoher einmaliger Bedarf ansteht. Solche Kosten sind dann anteilig von den Elternteilen zu bedienen.

> **TIPP**
>
> Ein Jugendlicher, der nach der Scheidung bei der Mutter lebte, hatte 0190er-Nummern („Ruf mich an …") gewählt. Die Mutter erhielt eine gepfefferte Telefonrechnung. Sie verlangte die Bezahlung vom Vater, da „dies ja seine männlichen Gene" verursacht hätten. Der Vater berief sich auf ein Fehlverhalten der Mutter, da sie ja die Nummern hätte sperren lassen können. Das Gericht entschied auf Sonderbedarf und teilte die Telefonrechnung zwischen den Eltern auf.

Der Ehegattenunterhalt

Wenn man von Ehegattenunterhalt spricht, glaubt wohl jeder zu wissen, was gemeint ist. Durch die Unterhaltsrechtsreform aus dem Jahr 2008 ist der alte Anspruch jedoch erheblich verändert worden. Allein durch die nunmehr maßgebliche Rangfolge und die von der Rechtsprechung geforderte Eigenverantwortung haben sich große Unterschiede ergeben. Elternteile werden, ohne miteinander verheiratet zu sein, Ehegatten gleichgestellt (zweiter Rang) und gehen anderen Ehegatten und weiteren Verwandten wie volljährigen Kindern in der Ausbildung vor. Ebenso werden lange Unterhaltsansprüche nur noch im Einzelfall gewährt. Bei allen Ansprüchen dominieren minderjährige Kinder aus dem ersten Rang, da sämtliche weiteren – wie auch Ehegattenunterhaltsansprüche – nachrangig beurteilt werden.

Rangfolge

Maßgebliches Kriterium der Rechtsprechung ist jedoch zunächst die Eigenverantwortung eines jeden Ehegatten, für seinen Unterhalt selbst zu sorgen. Diese Eigenverantwortung kann von einem Gatten sogar eingefordert werden, auch wenn er während der Ehezeit nicht berufstätig war. Selbstverständlich kann nicht jede Arbeitsmöglichkeit gefordert werden, denn man kann von niemandem erwarten, eine deutlich minderwertige Tätigkeit aufzunehmen. Sie muss angemessen sein, also der Ausbildung, den Fähigkeiten, dem Lebensalter oder dem Gesundheitszustand entsprechen. Einer Ärztin, die jahrelang die gemeinsamen Kinder betreut hat, kann man ohne Weiteres zumuten, wieder im Gesundheitswesen tätig zu sein, nicht hingegen als Putzfrau.

Angemessene Tätigkeit

Erwerbs-bemühun-gen Sollte kurzfristig keine Tätigkeit realisierbar sein, werden dementsprechende regelmäßige Erwerbsbemühungen geschuldet. Die monatliche Anzahl von Bewerbungen differiert nach der Region und der Befähigung, jedoch sei hier deutlich gesagt, dass „nichts tun" keinesfalls mehr mit einem Unterhaltsanspruch belohnt wird.

Erst wenn einem Ehegatten diese Selbstverantwortung nicht möglich oder nicht zumutbar ist, wirkt die eheliche Solidarität fort. Dann kann ein Unterhaltsanspruch gegeben sein. Der Gesetzgeber nennt folgende Unterhaltsansprüche:

- *Betreuungsunterhalt:* Unterhalt wegen Betreuung eines gemeinsamen Kindes unter drei Jahren; danach nur, wenn es der Billigkeit entspricht, wobei im Einzelfall die Belange des Kindes und die Betreuungsmöglichkeiten zu berücksichtigen sind.
- *Unterhalt wegen Alters:* wenn aufgrund des Alters eine Erwerbsfähigkeit nicht mehr erwartet werden kann.
- *Unterhalt wegen Krankheit und Gebrechens:* wenn aufgrund einer Krankheit oder eines Gebrechens eine Erwerbsfähigkeit nicht mehr erwartet werden kann.
- *Unterhalt bis zur Erlangung einer angemessenen Erwerbstätigkeit und Aufstockungsunterhalt:* wenn kurzfristig trotz Bemühungen noch keine angemessene Erwerbstätigkeit erzielt worden ist oder der Verdienst zu gering ist, um davon zu leben.
- *Fortbildungsunterhalt:* wenn während der Ehezeit eine Fortbildung nicht aufgenommen oder abgebrochen wurde und diese nun wieder aufgenommen

wird, um eine angemessene Erwerbstätigkeit zu erlangen.

- *Unterhalt aus Billigkeitsgründen:* wenn von dem
Ehegatten aus sonstigen schwerwiegenden Gründen
eine Erwerbstätigkeit nicht erwartet werden kann
und eine Versagung von Unterhalt bei Berücksichtigung beidseitiger Belange grob unbillig wäre.

Liegt einer der genannten Unterhaltatbestände vor,
kann ein Ehegatte Unterhalt verlangen. Und dieser
Anspruch besteht bereits ab dem Zeitpunkt der Trennung. Denn der Gesetzgeber unterscheidet zwischen
Trennungs- und nachehelichen Unterhaltsansprüchen.

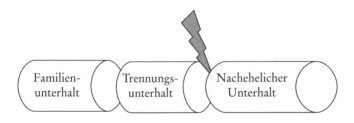

Der Trennungsunterhalt stellt einen Sonderfall dar. Er **Sonderfall**
ist vorläufig und endet mit der Scheidung. Er hat lediglich deshalb einen vorläufigen Charakter, weil in
der Trennungszeit ja noch gar nicht feststeht, ob Sie
sich wirklich scheiden lassen möchten. Denn in der
Zeit bis zur Scheidung kann viel passieren. Sie könnten
sich zum Beispiel wieder versöhnen. Aus diesem
Grund sollen nach dem Gesetzgeber die Ehegatten
auch nicht schlechter gestellt werden als während der
Ehezeit. Aus finanzieller Sicht soll alles so bleiben, wie
es war. Ist ein Ehegatte etwa während der Ehezeit
nicht arbeiten gegangen und hat mit vom Haushalts-

geld gelebt, so gibt ihm der Trennungsunterhaltsanspruch die Möglichkeit, weiterhin am Familieneinkommen zu partizipieren.

BEACHTE

Der Trennungsunterhalt stellt lediglich ein Zwischenstadium dar und spiegelt keine endgültige Lebenssituation wider. Den Partnern soll in dieser Zeit der Orientierung durch den Trennungsunterhalt lediglich eine Lebenssituation geschaffen werden, die eheähnlich ist. Die in der Ehe getroffene Rollenverteilung und der Lebensstandard sollen durch ihn gesichert werden, damit Chancen für eine Versöhnung bestehen bleiben und nicht bereits jetzt durch Unterhaltsregelungen verschlechtert werden.

Hat einer der Ehegatten während der Ehe nicht gearbeitet und trennt sich vom Partner, kann er möglicherweise nicht sofort für seinen Unterhalt sorgen. Vielleicht muss er weiterhin die Betreuung der Kinder übernehmen und ist auch nicht in der Lage, sich zu bewerben. Ob die Trennung zur Scheidung führt, steht auch noch in den Sternen. In dieser Lebensfindungsphase ist es daher sinnvoll, zumindest was die finanzielle Situation betrifft, alles beim Alten zu lassen. Würde man jetzt beispielsweise bereits das Eigenheim verkaufen, stünde man, falls eine Versöhnung geglückt wäre und eine Scheidung für Sie nicht mehr in Betracht käme, in einem halben Jahr ohne Haus da ...

In der Regel ist gegen den Trennungsunterhaltsanspruch aus juristischer Sicht auch nichts einzuwenden. Denn in dieser Zwischenphase sollen sich die Ehegatten finanziell nicht verschlechtern. Einfach gesagt: Egal, was nun war, man wirtschaftet auch weiterhin aus dem gemeinsamen Topf, jedoch nunmehr getrennt.

Der Trennungsunterhaltsanspruch endet mit der Scheidung. Ab diesem Zeitpunkt muss der Unterhaltsanspruch in Form von nachehelichem Unterhalt neu geltend gemacht werden. Sollte die Trennungsphase ohne Scheidung erheblich länger als ein Jahr dauern, kann der Trennungsunterhaltsanspruch verwirkt werden, da somit die vorläufige Regelung umgangen wird.

Ab der Scheidung spricht man vom nachehelichen Unterhalt. Hier ist die Lebenssituation der Ehe durch die Scheidung endgültig beendet worden, und die Kriterien zu Unterhaltsansprüchen greifen. Es gibt mithin keine Gesichtspunkte mehr, zum Schutz der Ehe zu argumentieren, wie es noch beim Trennungsunterhalt der Fall war. Liegen unterhaltsrechtliche Voraussetzungen vor, ist der Unterhalt zu gewähren.

Neben den Voraussetzungen für einen Ehegattenunterhaltsanspruch stellt sich für Sie natürlich auch die Frage, wie lange man einen solchen bedienen muss beziehungsweise erhalten kann. Auf diese Frage gibt es keine generelle Antwort. Jeder Unterhaltsfall ist individuell anders zu beurteilen.

Eindeutig erhält man zum Beispiel Unterhalt wegen der Betreuung eines Kindes drei Jahre lang nach der Geburt. Danach kann sich der Betreuungsunterhalt verlängern. Nach drei Jahren ist es Aufgabe des Richters, festzustellen, ob ein Betreuungsunterhalt weiterhin aus Billigkeitsgesichtspunkten zu gewähren ist. Es handelt sich mithin bei jedem Fall der Unterhaltsgewährung um eine Einzelentscheidung, bei der die Kriterien der Eigenverantwortung und der Betreuungsmöglichkeiten der Kinder durch örtliche Vorgaben wie Arbeitsmöglichkeiten und Betreuungseinrichtungen sowie Kindergärten eine Rolle spielen.

Drei Jahre nach Geburt

> **BEISPIEL**
>
> Der Bundesgerichtshof hatte folgenden Fall zu entscheiden. Die Kindesmutter arbeitete in Teilzeit als Lehrerin, da sie ihren an Asthma erkrankten Sohn betreute. Der Betreuungsunterhalt wurde versagt, da es in ihrer Nähe genügend Einrichtungen für Kinder gibt und es der Mutter daher auch zuzumuten ist, in Vollzeit zu arbeiten.

Drei Ausgangssituationen

Letztlich bleibt noch zu klären, wie sich nun der Unterhaltsanspruch für den Ehegatten errechnet. Auch hier wird wieder das bereinigte durchschnittliche Monatseinkommen als Einsatzwert zugrunde gelegt. Bei Trennungs- und nachehelichen Unterhaltsansprüchen, die gleich berechnet werden, kommen drei Ausgangssituationen in Betracht:

- *Fall eins:* Der Ehegatte hat kein eigenes Einkommen.
- *Fall zwei:* Der Ehegatte hat eigenes Einkommen.
- *Fall drei:* Es sind Kinder vorhanden.

Diese Situationen gilt es jetzt durchzuspielen, damit auch Sie für Ihre Lebenslage den eventuell zu zahlenden Unterhalt ausrechnen können. So vermögen Sie die einzelnen Berechnungsschritte nachzuvollziehen.

> **BEACHTE**
>
> Es ist sinnvoll, zumindest einmal den Unterhalt zu errechnen. Dies hilft bei der späteren Auseinandersetzung für eine faire Scheidung. Denn nur so können Sie sehen, wie es der Gesetzgeber machen würde, welcher Unterhalt monatlich auf Sie zukommt und um welchen Betrag es jährlich geht.
>
> Das Ergebnis der Berechnung ist maßgeblich für eine gerechte Einigung. Denn mit diesem Betrag kann man dann im Rahmen einer gütlichen Auseinandersetzung jonglieren. Wie das geht, wird später erwähnt; hier soll Ihnen nur deutlich gemacht werden, dass Sie sich zumindest einmal mit der Berechnung auseinandersetzen müssen.

Es heißt zwar „Judex non calculat" – „Der Richter rechnet nicht" oder „Juristen können nicht rechnen" –, das trifft jedoch nicht auf Unterhaltsansprüche zu. Bei Juristen sind nämlich die Berechnungen vom Grundsatz her meistens einfach gehalten …

So auch beim Ehegattenunterhalt. Hier spricht der Gesetzgeber vom so genannten Quotenunterhalt, denn er rechnet in Siebteln. Aufgeteilt wird das bereinigte Einkommen in sieben Teile. Ein Siebtel erhält der Verpflichtete vom bereinigten Einkommen als Erwerbstätigenbonus abgezogen, weitere drei Siebtel darf er behalten, die verbleibenden drei Siebtel werden als Ehegattenunterhalt angesehen. Mann kann auch sagen, der Ehegattenunterhalt beläuft sich auf einen Drei-Siebtel-Anspruch.

Quotenunterhalt

BEISPIEL

Fall eins: Der Ehegatte hat kein eigenes Einkommen

Nehmen wir an, Peter Mustermann wäre Alleinverdiener. Er hätte ein bereinigtes durchschnittliches monatliches Einkommen von 2.700,– €. Petra Mustermann hätte den Haushalt geführt und in diesem Fall kein eigenes Einkommen. Sie trennt sich von Peter und verlangt Trennungsunterhalt. Dieser berechnet sich wie folgt:

Bereinigtes Einkommen Peter Mustermann	2.700,– €
Bereinigtes Einkommen Petra Mustermann	0,– €
Prägendes Einkommen	2.700,– €
Quotenunterhalt, 3/7	1.157,– €
Verbleibendes Einkommen, 4/7	1.543,– €
Verteilungsergebnis:	
Petra Mustermann	1.157,– €
Peter Mustermann	1.543,– €
Gesamt	2.700,– €

Da der Selbstbehalt von 1.000,– € bei Peter Mustermann gewahrt ist, hätte er an Petra Mustermann in diesem Fall 1.157,– € zu zahlen.

Eheliche Lebens- verhältnisse

Bei der Berechnung des Ehegattenunterhalts werden immer die ehelichen Lebensverhältnisse zugrunde gelegt. Mit den ehelichen Lebensverhältnissen meint der Gesetzgeber nichts anderes als die ehelichen Verbindlichkeiten und das Einkommen der Ehegatten. Denn diese stellten während der Ehezeit die ehelichen Lebensverhältnisse dar.

Der Grundsatz der ehelichen Lebensverhältnisse kommt rechnerisch besonders dann zur Geltung, wenn auch der andere Partner ein Einkommen erzielt. Denn in einem solchen Fall ist dieses zweite Einkommen den ehelichen Lebensverhältnissen hinzuzurechnen, da es von beiden Gatten auch gemeinsam verbraucht wurde. Beide haben auch an diesem zweiten Einkommen – wie immer man es sehen mag – partizipiert. Steht dieses Einkommen innerhalb der Trennungszeit und nach der Scheidung weiterhin zur Verfügung, muss es natürlich bei der Berechnung des Ehegattenunterhalts mitbedacht werden.

Dies geschieht an zwei Stellen. Einerseits erhöht es die ehelichen Lebensverhältnisse, da mehr Einkommen innerhalb der Ehezeit zur Verfügung stand. Andererseits muss es wieder in Abzug gebracht werden.

Netto- einkommen

Natürlich wird ebenso wie beim Hauptverdiener nicht das unbereinigte, sondern das bereinigte durchschnittliche Monatseinkommen zugrunde gelegt. Mithin sind vom durchschnittlichen Nettoeinkommen die tatsächlichen oder pauschalen berufsbedingten Aufwendungen und weitere von diesem Einkommen gezahlte Familienverbindlichkeiten in Abzug zu bringen.

Bei der Anrechnung des Einkommens kennt der Gesetzgeber verschiedene Theorien. In den meisten Fällen wird der Unterhalt nach der Differenztheorie ausgerechnet. Der Quotenunterhalt wird aus der Differenz der bereinigten Einkünfte errechnet.

BEISPIEL

Fall zwei: Der Ehegatte hat eigenes Einkommen

Neben dem bereinigten monatlichen durchschnittlichen Einkommen von Peter Mustermann in Höhe von 2.700,– € steht auch das Einkommen von Petra Mustermann in Höhe von 400,– € zur Verfügung. Ein nachehelicher Unterhaltsanspruch errechnet sich nach der Differenztheorie wie folgt:

Durchschnittliches Einkommen Petra Mustermann	400,– €
Abzüglich fünf Prozent berufsbedingte Aufwendungen	20,– €
Bereinigtes Einkommen Petra Mustermann	380,– €
Bereinigtes Einkommen von Peter Mustermann	2.700,– €
Abzüglich bereinigtes Einkommen Petra Mustermann	– 380,– €
Differenz	2.320,– €
Quotenunterhalt, 3/7 aus Differenz	994,– €
Verbleibt (2.700,– € – 994,– €)	1.706,– €
Der Selbstbehalt von 1.000,– € ist gewahrt.	
Verteilungsergebnis:	
Peter Mustermann	1.706,– €
Petra Mustermann	1.374,– €
	3.080,– €

Peter Mustermann muss also 994,– € nachehelichen Unterhalt zahlen.

Die Berechnung des Ehegattenunterhalts sieht anders aus, wenn Kinder vorhanden sind. Diese werden in der Unterhaltsberechnung vor den Ehegatten gestellt (erster Rang). Der Kindesunterhalt wird nach den bereits vorgestellten Darstellungen errechnet. Erst danach werden die Ehegattenunterhaltsansprüche beim verbleibenden Einkommen berechnet.

BEISPIEL

Fall drei: Es sind Kinder vorhanden

Petra und Peter Mustermann haben im Jahr 2000 geheiratet und sich im Jahr 2009 zur Scheidung entschlossen. Aus der Ehe sind die gemeinsamen Kinder Paul (acht Jahre) und Paula (vier Jahre) hervorgegangen.

Peter Mustermann hat im vergangenen Jahr monatlich ein durchschnittliches bereinigtes Einkommen von 2.700,– € als Chemielaborant erzielt, Petra Mustermann als Teilzeitkraft auf Geringfügigkeitsbasis monatlich ein durchschnittliches bereinigtes Einkommen von 380,– €.

Berechnung des Kindesunterhalts

Bereinigtes Einkommen Peter Mustermann	2.700,– €
Einstufung in die vierte Einkommensgruppe	
Kindesunterhalt für Paul, acht Jahre/zweite Altersstufe	371,– €
Abzüglich anteiliges Kindergeld	– 82,– €
	289,– €
Kindesunterhalt für Paula, vier Jahre/erste Altersstufe	324,– €
Abzüglich anteiliges Kindergeld	– 82,– €
	242,– €
Resteinkommen Peter Mustermann	2.169,– €
(2.700,– € – 289,– € – 242,– €)	
Damit ist der Selbstbehalt von 1.200,– € gewahrt.	

Berechnung des Ehegattenunterhalts

Differenzeinkommen	1.789,– €
(2.700,– € – 289,– € – 242,– € – 380,– €)	
Quotenunterhalt, 3/7	767,– €
Kontrollberechnung Selbstbehalt	1.402,– €
(2.700,– € – 289,– € – 242,– € – 767,– €)	
Der Selbstbehalt gegenüber Verwandten in Höhe von 1.000,– € ist gewahrt.	

Zahlungspflichten

Peter Mustermann muss wie folgt Unterhalt zahlen:

an Paul Mustermann	289,– €
an Paula Mustermann	242,– €
an Petra Mustermann	767,– €
Gesamt:	1.298,– €

Der Mangelfall

„Nun ja", werden Sie jetzt vielleicht sagen, „die Berechnungen sind zwar nachvollziehbar, aber wer hat schon ein so hohes bereinigtes Einkommen?" Mit diesen Zweifeln liegen Sie richtig. Denn es werden auch fiktive Wohnkosten oder aber geringere Einkommen, mehr Kinder oder höhere Verbindlichkeiten zugrunde zu legen sein, sodass die oben aufgezeigten Berechnungsbeispiele für Sie gar nicht zutreffend sind. Es könnte ebenso sein, dass ein neuer Lebensgefährte mit im Spiel ist und ein weiteres aus dieser Verbindung stammendes Kind mitberechnet werden muss. Das Geld reicht in solchen Fällen unter Umständen nicht mehr aus, alle Ansprüche ordnungsgemäß zu bedienen. In den meisten Unterhaltsberechnungen ist heutzutage ein so genannter Mangelfall gegeben, wodurch eben gerade die Verteilungsmasse des Einkommens nicht ausreichend ist, alle Berechtigten nach den Tabellenwerten oder Quoten zu bedienen. Während früher dann die Verteilungsmasse quotenmäßig zwischen allen Berechtigten verteilt wurde, sind heute zum erklärten Schutz der Kinder die Rangfolgen maßgeblich. Es sind folgende Fälle denkbar.

Verteilungs-masse

Der erste Fall betrifft die Unterhaltsverpflichteten, bei denen nach Abzug der familienbedingten Ausgaben gar keine Verteilungsmasse übrig bleibt. Infolge des Schuldenabtrags oder aufgrund eines sehr geringen Gehalts verbleibt meistens nicht einmal der Selbstbehalt. In einem solchen Fall wird von Leistungsunfähigkeit gesprochen. Die Unterhaltsberechtigten gehen leer aus und sind auf staatliche Hilfe angewiesen, beispielsweise nach dem Unterhaltsvorschussgesetz.

In diese Gruppe fallen auch so genannte Hartz-IV-Empfänger, die verschuldet oder unverschuldet in diese Lebenssituation hineingeraten sind und trotz ordnungsgemäßer Bemühungen oder aufgrund Ihrer Berufsbiografie auf sichtbare Zeit keine Chance auf dem Arbeitsmarkt haben.

BEACHTE

Hier sei nochmals ausdrücklich darauf hingewiesen, dass die Leistungsunfähigkeit keinen Einfluss auf das Sorge- oder Umgangsrecht hat. Ein leistungsunfähiger Elternteil hat unter Umständen an der gegebenen Lebenssituation gar keine Schuld, zum Beispiel wenn der Arbeitgeber aufgrund der allgemeinen Wirtschaftslage Insolvenz anmelden musste. Trotz dieser finanziellen Notlage kann der Elternteil eine gute Beziehung zu seinen Kindern haben und Sorgerechtsfragen klären wie auch Umgangskontakte pflegen.

In einem zweiten Mangelfall könnte es auch so sein, dass das zu verteilende Einkommen nicht ausreicht, sowohl Kindes- als auch Ehegattenansprüche zu bedienen. Dann geht die erste Rangklasse vor (Schutz der minderjährigen Kinder). Die zweite Rangklasse muss sich bei Beachtung des Selbstbehalts mit dem verbleibenden Geld begnügen. Sollten zwei Unterhaltsberechtigte sich im zweiten Rang befinden, wird der Rest zu gleichen Teilen geteilt. Ist im zweiten Rang nichts mehr zu verteilen, gehen die Berechtigten leer aus.

Abstufung Sollte in einem denkbaren dritten Mangelfall sogar der Kindesunterhalt anhand der Verteilungsmasse nicht zahlbar sein, wird zunächst innerhalb der Düsseldorfer Tabelle abgestuft. Die Abstufung in den Gehaltsgruppen verringert jeweils den Bedarfskontrollbetrag bis zum Selbstbehalt von 900,– €, wenn man in der ersten Einkommensgruppe landet. Ist selbst dieser Mindestkindesunterhalt der ersten Einkommensgruppe nicht aufzubringen, wird die aktuelle Lebenssituation seitens der Richter genau betrachtet. Ebenfalls zum Schutz der gemeinsamen Kinder, die an der Situation keine Schuld haben und deren Mindestbedarf zu sichern ist, kann das Gericht eine Umschuldung anordnen oder bei der Berechnung Abstand von der berufsbedingten Pauschale nehmen. Ferner besteht für den Richter die Möglichkeit, den Unterhaltsberechtigten zu einer Vollzeitbeschäftigung oder einer Zusatztätigkeit zu verpflichten. Denkbar ist aber auch, dass er den bestehenden Selbstbehalt verringert, da dies die Lebensumstände zulassen, weil der Unterhaltsverpflichtete beispielsweise kostenfrei bei einem neuen Lebensgefährten wohnt und dementsprechend einen geringeren Selbstbehalt wegen fehlender Wohnkosten hat. Maßgeblich ist hier aber immer der Einzelfall.

Mindestkindesunterhalt

> **BEACHTE**
>
> Der Schutz der minderjährigen Kinder geht gerade im Mangelfall sehr weit. Häufig ist eine völlige Überschuldung der Familien gegeben, was eine Zahlung von Unterhalt auf Dauer unmöglich macht.
>
> Hier kann die Verpflichtung zur Einleitung einer Privatinsolvenz mit Restschuldbefreiung ausgesprochen werden. Ein solches Privatinsolvenzverfahren führt zu vorrangigen Pfändungsfreigrenzen für Unterhaltslasten vor anderen Zahlungsverpflichtungen, sodass es auch in solchen Fällen zu Unterhaltszahlungen kommen kann.
>
> Sollte auch diese Möglichkeit nicht gegeben sein, sorgt Vater Staat durch Unterhaltsvorschusszahlungen sechs Jahre für Ihre Kinder, anschließend sind weitergehende Ansprüche mit dem für Sie zuständigen Sozialamt abzusprechen.

Wie im Mangelfall gerechnet wird, können Sie anhand eines Beispiels in Anhang III finden.

Der Unterhaltsprozess nach der Reform vom September 2009

Das Gesetz über das Verfahren in Familiensachen und in Angelegenheiten der freiwilligen Gerichtsbarkeit (FamFG) hat auch einige Neuerungen in den Unterhaltsverfahren zum Inhalt. Unterhaltsprozesse werden nicht mehr als Klage-, sondern als Antragsverfahren, mithin nicht durch Urteil, sondern durch Beschlüsse beendet. Es besteht für ein solches Verfahren auch Anwaltszwang.

Auskunfts-verfahren Neben diesen formalen Voraussetzungen kommen nun aber noch weitere Neuerungen auf Sie zu. Im Rahmen des Auskunftsverfahrens werden dem Richter mehr Befugnisse zugestanden. Das Gericht kann bereits von Amts wegen bei den Beteiligten und, falls einer von ihnen nicht mitwirkt, bei Dritten die Auskünfte einholen, die zur Ermittlung des Unterhalts benötigt werden. So können nicht nur der Arbeitgeber, sondern auch Sozialleistungsträger, Versicherungen und Steuerbehörden zur Auskunft verpflichtet werden. Durch diese Maßnahmen sollen verdeckte Einkommen sichtbar gemacht und schnell faire Ergebnisse ermöglicht werden. Ferner kann das Gericht die schriftliche Versicherung anordnen, dass die Auskunft nicht nur wahrheitsgemäß, sondern auch vollständig ist.

Neu ist auch die Möglichkeit des Gerichts, die Parteien in anhängigen Folgesachen, wozu der Unterhalt zählt, zunächst darauf zu verweisen, an einem Informationsgespräch über Mediation oder eine sonstige Form außergerichtlicher Streitbeilegung teilzunehmen. Diese Option fördert insbesondere auch die Möglichkeit, faire Wege zur Auseinandersetzung zu finden. Ist das Gericht in einem Unterhaltsverfahren zu einem Beschluss gekommen, kann die sofortige Wirksamkeit angeordnet werden, was eine schnelle Vollstreckung möglich macht. Wird später eine Abänderungsklage zur Herabsetzung des Unterhalts geltend gemacht, besteht sogar die Chance, ab der Einreichung der Abänderungsklage zu viel gezahlten Unterhalt zurückzuverlangen. Eine solche Möglichkeit ist nach dem alten Recht nicht gegeben, sodass erst der Ausgang des Verfahrens abgewartet werden musste, um den Unterhalt verringern zu können, was im Einzelfall zu erheblichen Ungerechtigkeiten führen konnte.

Durch diese Veränderungen werden Unterhaltsverfahren beschleunigt von den Gerichten bearbeitet. Für Sie ist das deshalb von Vorteil, da somit schneller eine Entscheidung erreicht werden kann, ohne jahrelang darauf warten zu müssen. Auf diese Weise kann auch rascher auf wirtschaftliche Veränderungen eingegangen werden.

Schnellere Entscheidungen

KAPITEL 5

Das Lebenspartnerschaftsgesetz

Eheähnliche Partner- schaft

Mit der Einführung des Lebenspartnerschaftsgesetzes im Jahr 2001 ist es gleichgeschlechtlichen Personen ermöglicht worden, eine eintragungsfähige Partnerschaft zu führen, die eheähnlich gesehen und ausgestaltet wird. Auch hier sind die Partner einander zur Fürsorge und Unterstützung sowie zur gemeinsamen Lebensgestaltung verpflichtet und tragen füreinander Verantwortung.

Es handelt sich aber trotz der gegebenen Vergleichbarkeit um ein eigenes Rechtsinstitut, nämlich gerade nicht um eine Ehe, sondern um eine Lebenspartnerschaft. Dementsprechend sind die maßgeblichen Vorschriften aus dem Lebenspartnerschaftsgesetz zu entnehmen. Der Gesetzgeber hat diese speziellen Vorschriften jedoch an die ehelichen Vorschriften angepasst, sodass eine große Übereinstimmung besteht. Um auch bei eingetragenen Lebenspartnerschaften im Falle der Aufhebung faire Lösungen zu finden, müssen zuerst die gesetzlichen Voraussetzungen angesprochen werden.

Ja-Wort

Ähnlich wie bei der Eheschließung können Lebenspartnerschaften je nach Bundesland bei Standesämtern in Gemeinden, Kreisverwaltungen, Landratsämtern oder sogar bei Notaren geschlossen werden. Bei gleichzeitiger Anwesenheit der gleichgeschlechtlichen Partner können diese sich hier persönlich ihr „Ja-Wort" geben, und ihre Lebenspartnerschaft wird eingetragen. Danach spricht man von der eingetragenen Lebenspartnerschaft, und alle Rechtsinstitute wie bei einer Ehe gelten hier ebenfalls.

Neben der Fürsorge und Unterstützung füreinander lebt man und frau seit dem 1. 1. 2005 in der Zugewinngemeinschaft und kann einen gleichen Lebenspartnerschaftsnamen führen. Der Gesetzgeber hat sich bei der Konstruktion für die eingetragenen Lebenspartnerschaften das geltende Eherecht als Vorbild genommen.

Fürsorge

> **TIPP**
>
> Bereits vor der Eintragung und nach der Eintragung bis zur Aufhebung der Lebenspartnerschaft besteht für gleichgeschlechtliche Partner die Möglichkeit, durch notariellen Vertrag nicht nur den gesetzlich vorgeschriebenen Güterstand, sondern auch alle weiteren Rechte einvernehmlich zu regeln. Ein solcher Lebenspartnerschaftsvertrag bietet die Option, bereits in guten Zeiten an schlechte Zeiten zu denken und alle für beide Partner wesentlichen Fragen zu klären. Er ist verbindlich, kann aber auch jederzeit von beiden Lebenspartnern erneuert werden.

Kommt es dann während des Zusammenlebens zu unüberwindbaren Zerwürfnissen, kann auch die Lebenspartnerschaft „geschieden" werden. Nur heißt die Auflösung nicht „Scheidung", sondern „Aufhebung", die vom zuständigen Familiengericht durch ein Aufhebungsurteil erwirkt wird.

Die Voraussetzungen für die Aufhebung sind dem Scheidungsrecht gleich, da die Partner entweder

Aufhebung

• seit einem Jahr getrennt leben müssen und sich über die Aufhebung einig sind,

- seit einem Jahr getrennt leben, ohne erwarten zu können, dass eine partnerschaftliche Lebensgemeinschaft wiederhergestellt werden kann, oder
- seit drei Jahren getrennt leben.

Ebenso enthält das Lebenspartnerschaftsgesetz eine Klausel zur fristlosen Aufhebung dann, wenn die Fortsetzung der Lebenspartnerschaft eine unzumutbare Härte darstellen würde.

Um faire Lösungen für die Aufhebung zu finden, gelten daher die gleichen zur Scheidung genannten Tipps.

Wohnungs-frage

Bei einem Aufhebungsverfahren werden – sofern nicht bereits vorher durch einen Lebenspartnerschaftsvertrag geschehen – die weiteren Verbundsverfahren auf Antrag hin geregelt. Vorab kann gerichtlich zunächst erst vorläufig, im Rahmen des Aufhebungsverfahrens dann endgültig die Wohnungsfrage geklärt werden. Gleichfalls werden die Vermögensaufteilung nach den Grundsätzen des Zugewinnverfahrens und die erworbenen Rentenanwartschaften nach dem Versorgungsausgleichsverfahren geklärt. Denkbar und sogar gesetzlich geregelt sind trotz bestehender Eigenverantwortung Unterhaltsansprüche. In allen Themengebieten gelten die gleichen Regeln und Verfahrensvorschriften wie bei den Scheidungsverbundsverfahren. Lesen Sie daher bitte die Ausführungen in den entsprechenden Kapiteln, um bezüglich der für Sie geltenden fairen Auseinandersetzung eigenständige individuelle Regelungen zu finden.

Auch wenn gleichgeschlechtliche Partner keine Kinder adoptieren konnten, ist es aber denkbar, dass einer von ihnen welche aus einer früheren heterosexuellen Beziehung mit in die Lebenspartnerschaft gebracht hat. Diesen Umstand hat der Gesetzgeber bereits bedacht und dem Lebenspartner ein Mitspracherecht bei Angelegenheiten des täglichen Lebens für solche Kinder eingeräumt. Dieser kann sogar im Fall einer Gefahrenlage für die Kinder alle notwendigen Schritte allein einleiten. Ebenso ist es möglich, dem Kind bei Einvernehmen durch Erklärung gegenüber dem Standesamt den Lebenspartnerschaftsnamen zu geben.

Mitsprache-recht

Durch die Aufhebung der Lebenspartnerschaft sind die Beziehungen zu den Kindern zunächst aufgelöst. Sollte der Lebensgefährte während der Lebenspartnerschaft das Kind nicht angenommen haben, endet die Beziehung mit der Aufhebung. Möglich war in einem solchen Fall nur noch ein Umgangsantrag, der dem Umgangsrecht von Großeltern gleichgestellt ist.

> **TIPP**
>
> Denken Sie bei den Rechten an Kindern des Lebenspartners nicht nur an sich, denn aus Kindersicht war ein zweiter erwachsener Ansprechpartner vorhanden. Zum Wohle der Kinder ist in einer solchen Situation auch an Unterhalt, großzügigen weiteren Kontakt und Mitspracherechte in der Erziehung zu denken.
>
> Wie bei den bereits genannten Tipps zum Scheidungsverfahren sind gerade diese Fragen im Einzelfall für eine faire Aufhebung maßgeblich. Denken Sie also immer aus der Perspektive der Kinder: was diese durch den Lebenspartner haben und auch zukünftig haben könnten. Egoistische Sichtweisen schaden nur den Kindern, auch wenn es keine gemeinsamen sind.

Nach der Reform über das Verfahren in Familiensachen und in Angelegenheiten der freiwilligen Gerichtsbarkeit (FamFG) sind auch Lebenspartnerschaf-

**Familien-
sachen**

ten als Familiensachen anzusehen. Sämtliche bis zum August 2009 noch bestehenden Unterschiede zu den Verfahren sind nun weggefallen, da das Gesetz jetzt auf die Familiensachen bei Lebenspartnerschaften verweist. Verfahrensrechtlich sind somit keine Unterschiede mehr gegeben.

KAPITEL 6

Erste Schritte

Nachdem Sie sich nun über das Scheidungsverfahren, die Verbundsverfahren, den Unterhalt sowie die richterlichen Kriterien informiert haben, ist es Zeit, sich Gedanken über die ersten Schritte auf dem Weg zu einer Scheidung zu machen: Was soll ich zuerst, was zuletzt tun, wie ist der Gang eines Verfahrens und was kostet mich die ganze Sache? Bereits im Vorhinein ist es für Sie wichtig, über diese Punkte zumindest in groben Zügen Bescheid zu wissen.

Richtige Reihenfolge

Denken Sie an dieser Stelle auch noch einmal darüber nach, ob es wirklich schon so weit ist, eine Scheidung einzuleiten. Jetzt können Sie sich die Ausmaße eines solchen Verfahrens sicher schon besser vorstellen.

Mediation und Familienberatung

Häufig ist der Grund für eine Scheidung eine vehemente Auseinandersetzung, die entweder infolge einzelner Ereignisse oder durch jahrelanges Ignorieren von Problemen aufgetreten ist. Man hat sich zerstritten und glaubt, mit dem Partner nicht mehr reden zu können.

In einer solchen Situation kann die Mediation oder familienrechtliche Beratung helfen, also eine außergerichtliche Konfliktregelung. Unter Mediation versteht man einen neuen Berufszweig, der sich auf Konfliktvermeidung spezialisiert hat. Der Mediator vermittelt

Mediation

Neutrale Person als neutrale Person zwischen streitenden Parteien und versucht, Lösungen zu erarbeiten, die dem Gerechtigkeitsgedanken entsprechen.

Die Parteien werden zunächst einzeln angehört, um ihre Standpunkte, Wünsche und Erwartungen zu erfahren. Man lässt jeden ausreden, bis alles gesagt worden ist. Sind beide Meinungen bekannt, können gemeinsame gerechte Lösungswege erarbeitet werden. Das Mediationsverfahren endet mit einer Vereinbarung, die für beide Parteien rechtsverbindlich ist. Das Ergebnis wird schriftlich festgehalten und kann weiterhin verwandt werden, um es dem Gericht oder dem Notar zu einem Vergleichschluss vorzulegen.

Eheberatung Die Mediation hat jedoch nicht das Ziel, Scheidungswillige wieder zu versöhnen oder die Scheidung zu verhindern. Zu diesem Zweck können Sie eine Eheberatungsstelle aufsuchen. Weitestgehend kostenlos ist wie gesagt eine Beratung bei den Ehe- und Familienberatungsstellen, die von den Kirchen, aber auch von Ländern und Gemeinden finanziert werden. Fachkundige Berater versuchen hier, alte Strukturen in Ihrer Ehe zu verdeutlichen und aufzubrechen, um zwischen Ihnen und Ihrem Partner Lösungsansätze für eine Versöhnung zu erarbeiten.

BEACHTE

Eine Eheberatung hat nur Sinn, wenn beide Partner über ihre Probleme auch sprechen wollen. Alte Strukturen, die den anderen verletzen und das Zusammenleben erschweren, sollen aufgezeigt und Lösungswege erarbeitet werden. Hierzu muss man bereit sein.

Vor der Einleitung eines Scheidungsverfahrens sollten Sie also noch einmal über alternative Möglichkeiten nachdenken und mit Ihrem Partner gegebenenfalls eine der Beratungsstellen konsultieren, um „es nochmals zu versuchen".

Der Gang zum Anwalt

Wenn Sie überzeugt davon sind, dass Ihre Ehe nicht mehr zu retten ist, sollten Sie einen Anwalt aufsuchen, der Sie berät und im Verfahren begleitet. Denn ab diesem Zeitpunkt ist fachkundiger Rat geboten, der zwar Geld kostet, sich aber bezahlt macht, weil er Ihnen andererseits viel Geld sparen kann.

Fachkundiger Rat

Patentrezepte gibt es bei der Suche nach einem geeigneten Anwalt nicht. Sicherlich können Sie im Bekanntenkreis nachfragen oder in der Sparte Fachanwälte für Familienrecht in den Gelben Seiten suchen, so ist zumindest gewahrt, dass sich der Anwalt in der Materie auskennt. Viel wichtiger ist aber, dass Sie Vertrauen zu ihm aufbauen können. Denn schließlich müssen Sie ihm Ihre privaten Probleme darlegen.

- Fühlen Sie sich bei dem Anwalt Ihrer Wahl gut aufgehoben, weil er zuhören und Ihnen die Verfahren gut erklären kann? Ist er Ihnen sympathisch?
- Kann er Ihnen kurz anhand von Computerprogrammen ausrechnen, ob Sie Prozesskostenhilfe oder Unterhalt bekommen?

Dann haben Sie wahrscheinlich bereits den richtigen gefunden.

> **MERKE**
>
> Wenn Sie sich für einen Anwalt entschieden haben, müssen Sie ihm wirklich alles anvertrauen. Gerade in Familienangelegenheiten kommt es vor, dass sich die „ganze Wahrheit" erst im Prozess zeigt, teilweise auch viel später. Um Ihnen helfen zu können, muss der eigene Anwalt jedenfalls über alles informiert sein. Für ihn gehören auch solche Vorkommnisse zum täglich' Brot, die Ihnen vielleicht peinlich oder unangenehm sein mögen, und er unterliegt der Schweigepflicht. Er wird schon wissen, was er vor Gericht am besten verwenden kann. Aber wie soll er sich für Sie einsetzen, wenn er nur die halbe Wahrheit kennt?

Falls Sie im Laufe des Verfahrens jedoch zu der Ansicht kommen, Sie seien beim falschen Anwalt gelandet, sollten Sie sich auch nicht scheuen, ihm das erteilte Mandat wieder zu entziehen.

Für Sie ist es viel zu wichtig, vernünftige Regelungen für Ihre Zukunft zu finden, als dass Sie sich mit einem Anwalt auseinandersetzen sollten, der Sie selbst nicht versteht.

Doch eins nach dem anderen: Wenn Sie einen Anwalt gefunden haben, vereinbaren Sie mit ihm einen Besprechungstermin. Um Ihnen gleich einen weiteren Weg zur Kanzlei zu ersparen, sollten Sie den ersten Termin vorbereiten. Der Anwalt braucht nämlich einige Informationen und Unterlagen, um überhaupt für Sie tätig werden zu können. Dafür ist eine Checkliste in Anhang IV vorbereitet, an der Sie sich orientieren können.

Gezielte Fragen

Ebenso sollten Sie für sich beispielsweise folgende Themen klären, damit Sie Ihrem Anwalt gezielt Fragen stellen oder Anregungen geben können.

- Wo sehen Sie selbst die Probleme mit Ihrem Partner?
- Wie stellen Sie sich Umgangsrechte mit den Kindern vor?
- Welche Sonderpositionen auf den Gehaltsnachweisen sind im vergangenen Berechnungsjahr angefallen und durchzusprechen?
- Welche angelaufenen Kosten bestehen und müssen weiter fortlaufend bedient werden?
- Wie soll die Wohnsituation geregelt werden?
- Was ist mit den Schulden?
- Wann sollte der Scheidungsantrag gestellt werden?

Sonder-positionen

Sicher haben Sie auch eigene Fragen an den Anwalt. Schreiben Sie diese am besten auf, damit Sie sie nicht vergessen. Sprechen sollten Sie ebenso über die Kosten, denn anwaltliche Tätigkeit ist nicht umsonst. Der Anwalt orientiert sich an einer Gebührenverordnung. Für ein Erstgespräch kann er bis zu 240,– € in Rechnung stellen. Was seine Leistung am Ende kosten wird, kann er Ihnen aber zu Beginn nicht sagen, da er ja noch gar nicht weiß, was er alles für Sie erledigen soll. Abrechnen wird er sodann am Streitwert, den am Ende des Verfahrens das Gericht festlegt. Sie können mit dem Anwalt jedoch auch eine Gebührenvereinbarung treffen.

Für das Erstgespräch, die so genannte Erstberatung – aber nur für diese –, kommen die meisten Rechtsschutzversicherungen auf. Bei Zweifeln können Sie vor dem Besuch des Anwalts bei der Versicherung anrufen, um die Übernahme der Kosten zu klären.

Erst-gespräch

Sollten Sie nicht in der Lage sein, für die Vergütung Ihres Rechtsanwalts aufzukommen, hilft Ihnen auch der

Kostenhilfe Staat. Eventuell gibt es für Sie (auf Antrag) Beratungs- und Prozess- beziehungsweise nach der Reform Verfahrenskostenhilfe. Dann hat der Rechtsanwalt seine Vergütung mit der Staatskasse abzurechnen. Beratungshilfe deckt den Zeitraum des vorprozessualen Schriftverkehrs des Anwalts, Prozesskostenhilfe den gerichtlichen Schriftverkehr ab. Anträge hierzu können Sie bei Gericht oder direkt bei Ihrem Anwalt bekommen.

Bewilligt werden sie vom Gericht. Für eine Bewilligung ist entscheidend, ob Sie und Ihr Ehegatte aufgrund Ihrer persönlichen und wirtschaftlichen Verhältnisse außerstande sind, die Kosten des Verfahrens zu tragen. Ihre Einkommens- und Vermögenssituation wird ins Verhältnis zu den Lebenshaltungskosten (Miete, Nebenkosten, Versicherungen, sonstige Kosten) und den zu bedienenden Schulden und sonstigen weiteren Belastungen gesetzt. Verbleiben bei Anrechnung von Freibeträgen weniger als 400,– € zum Leben, kann Ihnen das Gericht schon eine Bewilligung auf Raten zusprechen. Bei weniger sogar ohne die Verpflichtung einer Ratenzahlung. Das Verfahren und Ihr Anwalt werden dann vom Staat bezahlt. Lassen Sie doch Ihre Positionen diesbezüglich einmal vom Anwalt durchrechnen, er kann eine solche Berechnung mithilfe eines Computerprogramms schnell vornehmen.

Vorschuss Weiterhin kann auch vom Ehegatten ein Prozesskostenvorschuss angefordert werden. Dies ist eine besondere Form des Unterhalts und betrifft Sie, wenn Sie Anspruch auf Unterhalt aufgrund fehlender eigener Einkünfte haben. Dann fordert der eigene Anwalt Ihren Ehegatten auf, die anfallenden Gerichts- und seine Anwaltskosten als Vorschuss zu leisten.

ACHTUNG

Die Bewilligung von Prozess- beziehungsweise Verfahrenskostenhilfe kann trügerisch sein, denn damit wird ein falsches Gefühl von Sicherheit hervorgerufen.

Durch die Bewilligung werden nämlich nur die Gerichtskosten und die Kosten des eigenen Anwalts, nie die des gegnerischen Anwalts erfasst. In Familienverfahren ist es zwar in der Regel so, dass die Verfahrenskosten gegeneinander aufgehoben werden, also jeder seine eigenen Gerichts- und Anwaltskosten zu tragen hat, aber es kommen auch seltene Fälle vor, in denen man ein Verfahren verliert. Dann hat man in jedem Fall die Kosten des gegnerischen Anwalts zu tragen.

Ferner kann das Gericht eine Bewilligung auf Ratenzahlung aussprechen. In einem solchen Fall ist es gegebenenfalls günstiger, mit dem Anwalt eine Ratenzahlung zu vereinbaren, weil das Gericht später erneut eine Berechnung vornehmen und die bewilligte Hilfe versagen kann.

In solchen Fällen muss demnach ein Ehegatte auch den Anwalt der Gegenseite sowie die Gerichtskosten, also, sofern er dann noch einen eigenen Anwalt nimmt, die gesamten anfallenden Kosten tragen. „Unglaublich!", sagen Sie jetzt sicher, aber wenn man sich bestimmte Fälle überlegt, klingt diese gesetzliche Regelung wieder logisch.

Nehmen Sie einmal an, Peter Mustermann sei Bankdirektor und seine Frau Petra Mustermann Hausfrau. Sie lebt lediglich vom Haushaltsgeld und möchte sich scheiden lassen. Ihr Haushaltsgeld ist nicht ausreichend, um die anfallenden Kosten zu begleichen. Auch sind keine Ersparnisse vorhanden, mit denen sie ihren Anwalt bezahlen könnte. Ihre Rechtsschutzversicherung hat lediglich eine Beratungsgebühr ihres Anwalts übernommen. Das gestellte Prozesskostenhilfegesuch seitens Frau Petra Mustermann wurde vom Familiengericht aufgrund der hohen Einkünfte

Rechtsschutzversicherung

101

von Peter Mustermann zurückgewiesen, denn es werden immer beide Eheleute bei der Berechnung der Einkommens- und Vermögenslage zugrunde gelegt. Hätte sie jetzt nicht die Möglichkeit, einen Vorschuss von ihrem Ehegatten zu verlangen, könnte sie sich nicht scheiden lassen. Peter Mustermann muss daher, gegebenenfalls nach gerichtlicher Aufforderung, den errechneten Gerichtskostenvorschuss sowie die Vergütung von Petras Anwalt zahlen.

Faire Auseinandersetzung

Aber selbst in einem solchen Fall gibt es die Möglichkeit einer fairen Auseinandersetzung. Die gesetzliche Regelung ist gerecht, da sich Frau Petra Mustermann ansonsten ja nicht scheiden lassen könnte. Die Kosten der Scheidung werden somit aus dem gemeinsamen Haushaltstopf bezahlt. Herr Mustermann kann die anfallenden Kosten – auch die der Gegenseite – als außergewöhnliche Belastungen im Rahmen seiner jährlichen Einkommensteuererklärung absetzen.

> **TIPP**
>
> Für den vorschusspflichtigen Ehegatten gibt es aber auch noch eine andere faire Lösung. Peter Mustermann könnte im vorliegenden Beispiel eine Vorschusszahlung an seine Ehegattin auf einen eventuell zu zahlenden Zugewinnausgleichsanspruch leisten. Petra Mustermann wäre durch diese Vorschusszahlung nunmehr in der Lage, die Kosten des Verfahrens aus ihrer eigenen Tasche zu zahlen. Damit wären quasi zwei Fliegen mit einer Klappe erschlagen, weil mit diesem Vorschuss einerseits die Prozesskosten abgedeckt sind und andererseits bereits ein Teil des Zugewinnausgleichs gezahlt wird.
>
> Ein Streit über den Prozesskostenvorschuss lohnt sich daher nicht, da es auch für diesen Fall eine faire Lösung gibt, mit der beide Parteien leben können.

KAPITEL 7

Der Ablauf des Verfahrens

Kommen wir nun noch zu einem sehr wichtigen Kapitel, dem Ablauf des Verfahrens. Sie befinden sich in einer Krise. Logisches Denken wird in diesen Zeiten häufig von emotionalen Entscheidungen verdrängt. Für Sie ist es daher wichtig, den zeitlichen Ablauf zu kennen, damit Sie einerseits nicht überrascht werden und andererseits genügend Zeit haben, entscheidende Dinge vorzubereiten und zu überlegen. Mit Kenntnis des zeitlichen Ablaufs erlangen Sie einen weiteren Überblick über das Verfahren.

Krise

Der Schriftverkehr vor dem Prozess

Dass die Krise in Ihrer Ehe erheblich ist, kann nicht mehr geleugnet werden. Spätestens wenn Sie zu einem Anwalt gehen oder Sie selbst Post von einem Anwalt namens Ihres Ehegatten erhalten, geht es los. Für viele bricht gerade in solchen Situationen eine Welt zusammen, da der Einschnitt in ihr Leben gravierend ist. Alles, was man aufgebaut hat, scheint nunmehr verloren. Sie wissen bereits, dass das nicht der Fall sein muss. Aber Veränderungen werden auch auf Sie zukommen. Für die nun zu regelnden Angelegenheiten ist für Sie in Anhang V eine Checkliste zusammengestellt.

Checkliste

Die ersten anwaltlichen Schreiben oder Mitteilungen von Behörden sind tückisch. Sie enthalten einerseits Nachrichten wie „Hiermit teile ich Ihnen mit, dass sich Ihr Ehegatte von Ihnen scheiden lassen möchte" oder „Hiermit zeigen wir an, dass wir den zu zahlenden Unterhalt übernommen haben", andererseits teilen diese Schreiben meistens unbedingt einzuhaltende Fristen mit, etwa: „Sie werden gebeten, eingehende Auskunft bis zum … zu erteilen."

Gesetzte Frist Diese Ihnen gesetzte Frist ist unbedingt einzuhalten, da Sie ansonsten einen Grund zur Klageerhebung geben, weil vermutet wird, dass Sie die gewünschte Auskunft nicht erteilen möchten. Bei ergebnislosem Ablauf der Fristen können für Sie dann sogar Kosten des gegnerischen Anwalts entstehen. Sollten Sie der Empfänger eines solchen Schreibens sein, nehmen Sie dieses innerhalb der Ihnen gesetzten Frist gleich mit zum Anwalt Ihrer Wahl, damit er es beantworten kann. Vergessen Sie nicht, dass auch ein Anwalt Zeit braucht, um Schreiben vorzubereiten, und lassen Sie sich daher frühzeitig einen Termin geben.

In vielen Fällen bedeuten diese Schreiben einen emotionalen Schock für den Empfänger. Jeder verkraftet eine solche Mitteilung unterschiedlich. Der eine weiß, dass sein Ehegatte beim Anwalt war, eventuell waren Sie auch gemeinsam dort; oder ein solches Schreiben **Emotionen** kommt unverhofft. Egal, wie, Emotionen jeglicher Art steigen auf.

Im Rahmen des Scheidungsverfahrens sind jedoch nur zwei Fristen wichtig: einerseits der Scheidungstermin selbst, andererseits gerade die gesetzten Auskunftsfristen, die meistens bereits mit dem ersten Schreiben ausgesprochen werden. Also vergessen Sie nicht, diese einzuhalten. Beachten Sie auch die Ausführungen zum Auskunftsanspruch ab Seite 64.

Erfahrungsgemäß beginnt jetzt die kritischste Phase im Rahmen eines Scheidungsverfahrens, meistens gepaart mit vielen Gefühlsschwankungen und erheblichen Auseinandersetzungen mit dem Lebenspartner. Hier gilt es, „Ruhe zu bewahren". Streit, das wissen Sie, lohnt sich nicht.

Aufgrund Ihrer erteilten Auskunft werden Sie nun in den nächsten Tagen ein Unterhaltsforderungsschreiben erhalten. Dies ist der nächste Schritt im Verfahrensablauf. Sie werden aufgefordert, nach durchgeführter Berechnung Unterhaltzahlungen zu erbringen und gegebenenfalls ein Schuldanerkenntnis abzugeben. Hier stellt sich nur die Frage, ob Sie auch richtig berechnet wurden. Beachten Sie die Tipps zur Einkommensberechnung in Kapitel 4 („Der Unterhaltsprozess"). Sprechen Sie diese auf jeden Fall mit Ihrem Anwalt durch. Ihre Mithilfe ist hier unbedingt geboten. Denn auch bei behördlichen Berechnungen zum Kindesunterhalt werden die bedienten ehebedingten Schulden häufig nicht mit eingerechnet.

Schuldanerkenntnis

Sodann ist der geforderte Unterhalt im Trennungsjahr zu leisten. Beachten Sie bei Ihren Daueraufträgen, dass Sie aus steuerrechtlichen Gründen Kindes- und Trennungsunterhalt getrennt und nicht nur einen Gesamtbetrag mit der Benennung „Unterhalt" anweisen. Der gezahlte Ehegattenunterhalt ist nämlich steuerrechtlich absetzbar.

Nach dieser recht schnellen Anfangsphase läuft das Trennungsjahr ab. Angelegenheiten, welche die Wohnung betreffen, der Aufenthalt der Kinder, die Teilung des Hausrats und so weiter werden geregelt.

Der Schriftverkehr während des Prozesses und der Verfahrensablauf

Nun ist es möglich, den Scheidungsantrag zu stellen, womit das Verfahren seinen Beginn vor Gericht findet. Da der Scheidungsantrag häufig mit einem Prozess- beziehungsweise Verfahrenskostenhilfegesuch verbunden ist, ist das Gericht zunächst aufgefordert, über dieses zu entscheiden. Es wird Ihnen den Scheidungsantrag mit Kostenhilfeantrag zwecks Stellungnahme zusenden. Es handelt sich um ein vorgeschaltetes Verfahren, das neben dem Scheidungsverfahren abläuft.

Kostenhilfe-antrag

Die Voraussetzungen einer Scheidung liegen meistens vor. Eine Stellungnahme auf das Prozess- beziehungsweise Verfahrenskostenhilfegesuch ist entbehrlich, denn wenn das Gericht die Hilfe ablehnt, werden Sie vielleicht selbst zur Kasse gebeten.

Innerhalb von 14 Tagen hat das Gericht nun zu entscheiden, ob Prozesskostenhilfe gewährt werden kann. Trifft dies zu, wird Ihnen oder Ihrem Anwalt der Scheidungsantrag nochmals förmlich zugestellt, da mit dieser Zusendung Fristen verbunden sind.

Es bietet sich jedoch bereits jetzt an, dem Scheidungsantrag zuzustimmen oder über den eigenen Anwalt selbst einen Scheidungsantrag zu stellen, um sich das Verfahren nicht aus der Hand nehmen zu lassen.

Antwort-schriftsatz

Möchten Sie für das Verfahren auch Prozesskostenhilfe beantragen, ist ein solches Gesuch mit dem Antwortschriftsatz zu verbinden.

MERKE

Sollten Sie sich nicht anwaltlich vertreten lassen, was bei einvernehmlicher Scheidung nicht unbedingt notwendig ist, hier einige Grundvoraussetzungen zum gerichtlichen Schriftverkehr.

Damit Ihr Schreiben bei den vielen gerichtlichen Eingängen nicht untergeht und richtig zugeordnet werden kann, ist es mit einem Aktenzeichen zu versehen. Dieses befindet sich auf jedem gerichtlichen Schriftsatz oder ist beim zuständigen Familiengericht zu erfragen. Es bietet sich folgende Formulierung an:

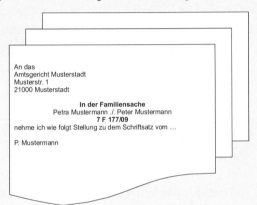

An das
Amtsgericht Musterstadt
Musterstr. 1
21000 Musterstadt

In der Familiensache
Petra Mustermann ./. Peter Mustermann
7 F 177/09
nehme ich wie folgt Stellung zu dem Schriftsatz vom …

P. Mustermann

Persönliche Anreden wie „Lieber Herr Richter" oder „Hohes Gericht" sind nicht formgerecht und sollten unterbleiben.

Ferner muss jeder Schriftsatz in dreifacher Ausführung eingereicht werden. Ein Schriftsatz ist für das Gericht, ein weiterer für den gegnerischen Anwalt und der letzte für den Ehegatten. Sie sollten aber grundsätzlich vier Schreiben fotokopieren oder ausdrucken, damit Sie selbst später ein eigenes Exemplar von Ihrem Schriftsatz haben. Es bietet sich an, einen Ordner anzulegen, in dem Sie jedes Schreiben chronologisch abheften.

Zum Schluss erhalten Sie irgendwann ein Urteil beziehungsweise nach der Reform einen Beschluss und ein Terminsprotokoll. Nur diese beiden Unterlagen sind dann ein Leben lang aufzubewahren. Die restlichen Schriftsätze können nach Beendigung des Verfahrens vernichtet werden.

Für Ihre Schriftsätze sind in Anhang VI für Sie ein paar Mustertexte zwecks Formalien und Formulierungen abgedruckt.

Mit der tatsächlichen Zustellung des Scheidungsantrags werden Ihnen dann Fragebögen zum Versorgungsausgleich (vierfache Ausfertigung) übersandt. Diese sind von Ihnen dreifach ausgefüllt und unterschrieben an das Gericht zurückzusenden. Ein Exemplar bleibt für Ihren „Ordner".

Rententräger Das Gericht behält selbst ein Exemplar, sendet ein weiteres an den Rententräger zwecks Überprüfung und Mitteilung der Rentenanwartschaftszeiten und das dritte Exemplar zur Überprüfung an den Rechtsanwalt Ihres Ehegatten.

Auch Sie werden einen solchen von Ihrem Ehegatten ausgefüllten Fragebogen zu Gesicht bekommen. Überprüfen Sie diesen genau daraufhin, ob sämtliche Berufsrenten, Lebensversicherungen und dergleichen angegeben worden sind. Sollte das nicht erfolgt sein, müssen Sie das Gericht, gegebenenfalls über Ihren Anwalt, unbedingt darauf aufmerksam machen.

Ungefähr drei bis sechs Monate später liegen die Auskünfte der Rententräger vor, die Ihnen ebenfalls übersandt werden. Sollten im Rahmen der Klärung der Rentenzeiten Fragen auftreten, werden Sie meistens persönlich vom Rententräger angeschrieben. Diese Anfragen sind kurzfristig zu beantworten. Meistens reicht eine telefonische, besser ist jedoch eine schriftliche Antwort. Beachten Sie bitte auch hier das ver**Aktenzeichen** gebene Aktenzeichen, damit Ihr Schreiben nicht untergeht.

Werden solche Anfragen nicht beantwortet, kann sich das Scheidungsverfahren in die Länge ziehen. Notfalls droht das Gericht sogar mit Geldstrafen. Können Sie nicht auf die Anfrage antworten, setzen Sie sich trotzdem mit dem Rententräger oder dem Gericht in Verbindung, um eine Klärung zu erreichen und Verzögerungen sowie Geldstrafen zu vermeiden. Natürlich können Sie Ihren Anwalt aufsuchen, der Ihnen bei der Beantwortung behilflich ist.

Sind Folgeanträge in Form der beschriebenen Verbundsverfahren geltend gemacht worden, müssen auch diese bearbeitet werden. Das Gericht kann die Parteien in solchen Fällen nach der FamFG-Reform sogar zu Mediationen verpflichten, um Streitigkeiten zu bereinigen.

In Sorgerechts- und Umgangsrechtsverfahren kann es zu Kinderanhörungen, Gesprächen mit dem Jugendamt oder zur Einholung von Sachverständigengutachten kommen.

Kinderanhörung

Liegen die Auskünfte der Rentenanwartschaften beider Ehegatten vor und sind alle Verbundsverfahren entscheidungsreif, wird das Gericht nunmehr einen Scheidungstermin anberaumen und beide Parteien persönlich zum Termin laden. Denn das Gericht ist verpflichtet, Sie beide persönlich anzuhören.

Im Rahmen des Scheidungstermins werden Sie und Ihr Ehegatte wechselseitig vom Richter zum Trennungszeitraum und zu Ihrem Scheidungswunsch angehört. Ferner wird er den Versorgungsausgleich sowie weitere noch zu regelnde Angelegenheiten mit Ihnen erörtern. Ist alles geklärt, spricht der Richter die Scheidung aus.

TIPP

In manchen Fällen ist die Anfahrt zum Gericht wegen großer Entfernung mit einem erheblichen Aufwand verbunden, weil Sie oder Ihr Ehegatte umgezogen sind. Für einen solchen Fall bietet es sich an, das Gericht im Rahmen eines Amtshilfeersuchens darum zu bitten, dass Sie von einem Richter vor Ort zum Scheidungswunsch vernommen werden. Dann brauchen Sie nicht zum Scheidungstermin zu kommen.

Sollten Sie gehbehindert sein, teilen Sie dies dem Gericht mit, damit ein ebenerdiger, gut zugänglicher Gerichtssaal für Sie gewählt beziehungsweise Ihnen entsprechend Hilfestellung geleistet wird.

Ebenso können Sie das Gericht um einen Dolmetscher bitten, falls Sie der deutschen Sprache nicht ausreichend mächtig sind. So beugen Sie Verständigungsproblemen vor und werden dem Verfahren besser folgen.

Dieser Tag ist immer sehr aufregend für beide Parteien. Ungewissheit herrscht, was heute passieren wird. Meistens sind die Betroffenen sehr nervös. Das müssen Sie aber nicht sein. Der Gerichtstermin dauert höchstens eine halbe Stunde, meistens ist er sogar kürzer. Die Wartezeit vor dem Gerichtssaal ist häufig länger als der eigentliche Termin. Ich kann Sie nur beruhigen, denn mehr als die Anhörung findet in der Regel nicht statt.

Länger kann es dauern, falls ein Scheidungsfolgenvergleich zu Protokoll gegeben wird. Denn diesen muss der Richter den Parteien noch vorlesen, gegebenenfalls selbst gerichtlich genehmigen.

**Rechts-
kräftiges
Urteil**

Wenn Sie beide anwaltlich vertreten sind, kann, nachdem die Scheidung ausgesprochen worden ist, auf die Einlegung von Rechtsmitteln verzichtet werden, damit das Urteil sofort rechtskräftig wird. Ist nur eine

Partei anwaltlich vertreten, kann eventuell für die Rechtskraft ein anwaltlicher Kollege um Hilfestellung gebeten werden, ansonsten wird das Urteil innerhalb von vier Wochen rechtskräftig. Nach der Reform (FamFG) wird jedoch nicht durch Urteil, sondern durch Beschluss entschieden. Hier ist nun das Rubrum (Deckblatt von juristischen Urteilen oder Schriftsätzen) geändert.

Je nachdem, wie schnell die Schreibkräfte des Gerichts arbeiten, werden Ihnen das Urteil und das Terminsprotokoll sodann zugesandt. Im Rahmen des Terminsprotokolls findet man den im Termin abgeschlossenen Vergleich sowie die sonstigen Angelegenheiten, die seitens des Gerichts in der mündlichen Verhandlung erörtert wurden. Wie ein solches Urteil und Terminsprotokoll aussehen kann, erfahren Sie in Anhang VII. Sie werden hieran auch erkennen, wie eine faire Scheidung mit vielen Regelungen gestaltet werden könnte.

Terminsprotokoll

Anders sieht der Ablauf eines Verfahrens dann aus, wenn weitere Anträge gestellt worden sind. Hier kommt es auf den jeweiligen Inhalt der Anträge an. Solche Verfahren laufen unterschiedlich ab und können im Rahmen dieses Buchs nicht besprochen werden, da kein regelmäßiger Verfahrensablauf gegeben ist.

Anders ist es auch bei sorge- oder umgangsrechtlichen Anträgen. Hier wird das Jugendamt beteiligt, und dessen Mitarbeiter werden sich mit Ihnen außerhalb des Verfahrens in Verbindung setzen. In diesem Fall sollten Sie vorher noch einmal mit Ihrem Anwalt spre-

Überblick zum Ablauf des Verfahrens

```
┌─────────────────────────┐        ┌─────────────────────────┐
│ Prozesskostenhilfegesuch│        │ Scheidungsantrag        │
│ mit                     │        └─────────────────────────┘
│ Scheidungsantrag        │
└─────────────────────────┘
           ⇓                                     │
┌─────────────────────────┐                      │
│ Bewilligung             │                      ⇓
└─────────────────────────┘
           ⇓
┌───────────────────────────────────────────────────────────┐
│ Zusendung von Fragebögen zum Versorgungsausgleich         │
└───────────────────────────────────────────────────────────┘
                          ⇓
┌───────────────────────────────────────────────────────────┐
│ Nach Rücksendung ans Gericht und Weiterleitung an die     │
│ jeweiligen Rentenkassen werden die Anwartschaften errechnet;│
│ Dauer: zirka drei bis sechs Monate                        │
└───────────────────────────────────────────────────────────┘
                          ⇓
┌───────────────────────────────────────────────────────────┐
│ Übersendung der errechneten Rentenanwartschaften mit einer│
│ Ladung zum Termin                                         │
└───────────────────────────────────────────────────────────┘
                          ⇓
┌───────────────────────────────────────────────────────────┐
│ Scheidungstermin                                          │
└───────────────────────────────────────────────────────────┘
```

chen, um einen solchen Termin mit einem Jugend-
amtsmitarbeiter vorzubereiten. Das Jugendamt sendet
dem Gericht dann einen Bericht mit einem Vorschlag,
der Ihnen zur Kenntnisnahme zugesandt wird. Sofern
es notwendig ist, beauftragt das Gericht noch einen
Sachverständigen. Hier läuft dann das gleiche Prozedere ab. Ebenso kann das Gericht die Kinder anhören.
Zu diesem Zweck wird der betreuende Elternteil gebeten, die Kinder zu einer Anhörung mitzubringen.
Diese Gespräche sind auch für die Kinder äußerst
interessant und meistens sehr nett. Der Ablauf ist zwar
unterschiedlich, aber immer kindgerecht. Eine Entscheidung wird das Gericht zu den Anträgen im
Sorge- oder Umgangsrechtsverfahren erst treffen,
wenn auch die anderen Verbundverfahren entscheidungsreif sind.

Eilverfahren

Bei Eilverfahren läuft das Prozedere ähnlich, nur viel
schneller ab. Die ausgesprochenen Entscheidungen
sind jedoch nur vorläufig, da eine endgültige Entscheidung noch abzuwarten ist.

Normalerweise kann also nach zirka einem halben bis
drei viertel Jahr nach Stellung des Scheidungsantrags
bereits Ihre Scheidung ausgesprochen werden – je
nachdem, wie schnell die Frage des Versorgungsausgleichs geklärt wird.

KAPITEL 8

Die Kosten des Verfahrens

Alle Kosten eines Gerichtsverfahrens, so auch eines Scheidungsverfahrens, werden nach dem Gegenstandswert abgerechnet. Der Gegenstandswert beinhaltet die im Scheidungsverfahren verhandelten oder verglichenen Angelegenheiten wie die Scheidung, den Versorgungsausgleich und so weiter wertmäßig, und diese werden vom Richter festgelegt. Maßgeblich für die Festlegung sind gesetzliche Vorgaben. So wird der

Gegen-
standswert

Gegenstandswert der Scheidung mit dem dreifachen Nettoeinkommen der Eheleute angenommen, der Wert für das Versorgungsausgleichsverfahren pauschal mit 1.000,– €; es sei denn, der Ausgleich fällt höher aus. Sorge- und umgangsrechtliche Verfahren werden ebenfalls pauschal, nämlich mit 3.000,– € bewertet. Werden Vergleiche abgeschlossen, ist der inhaltliche Wert, über den man sich geeinigt hat, maßgeblich für den Gegenstandswert.

BEISPIEL

Peter Mustermann verdient bereinigt 2.700,– € und Petra Mustermann 380,– €. Der Richter würde bei einer einvernehmlichen Scheidung den Gegenstandswert wie folgt festsetzen:

Wert für das Scheidungsverfahren	9.240,– €
3 × (2.700,– € + 380,– €)	
Wert für den Versorgungsausgleich	<u>1.000,– €</u>
pauschal	
Gegenstandswert für das Verfahren	10.240,– €

Anhand des festgelegten Gegenstandswerts können nun die Gerichtsgebühren sowie auch die anwaltliche Vergütung aus der in Anhang VIII und IX abgedruckten Gerichtskosten- und Rechtsanwaltsgebührentabelle entnommen werden. Dem Gericht stehen nach dem Gegenstandswert drei Gebühren zu.

Vergütung

Der Anwalt kann neben einer Pauschale für Post und Telekommunikation 1,3 Verfahrensgebühren und 1,2 Terminsgebühren zuzüglich 19 Prozent Umsatzsteuer nach dem Rechtsanwaltsvergütungsgesetz (RVG) abrechnen. Ist ein Vergleich geschlossen, weitere 1,0 Gebühren.

BEISPIEL

Im einvernehmlichen Scheidungsverfahren der Familie Mustermann könnte eine Abrechnung bei der Einschaltung eines Anwalts bei einem Gegenstandswert in Höhe von 10.240,– € mithin wie folgt aussehen:

Gerichtsgebühren (siehe Anhang VIII)	3 × 219 €	657,– €
Rechtsanwaltsvergütung		
1,3 Verfahrensgebühren	683,80 €	
1,2 Terminsgebühren	631,30 €	
Auslagenpauschale	20,00 €	
19 Prozent Umsatzsteuer	253,67 €	1.588,77 €
Gesamt		2.245,77 €

Sollte seitens des Gerichts beschlossen worden sein, dass die Kosten des Verfahrens gegeneinander aufgehoben werden, sind die Gerichtsgebühren zwischen Petra und Peter Mustermann zu teilen.

**Verfahrens-
gebühren** Neben den eigentlichen Kosten des Verfahrens können Anwälte auch außergerichtliche Tätigkeiten abrechnen. Diese sind auf die Verfahrensgebühren anteilig anzurechnen.

KAPITEL 9

Regelungen zur fairen Scheidung

Nachdem wir uns mit den Verbundverfahren und den Unterhaltsprozessen sowie den Kosten eines Scheidungsverfahrens auseinandergesetzt haben, erkennen konnten, welche rechtlichen Regelungen der Gesetzgeber vorsieht und warum er so oder so entscheidet, stellt sich nunmehr die Frage, wie Sie eine faire Auseinandersetzung mit Ihrem Ehegatten erzielen können.

Faire Auseinandersetzung

Was versteht man denn überaupt unter Fairness im Rahmen einer Scheidung? Keinen Streit mit dem Ehepartner? Gerechte Regelungen mit dem Ehepartner finden? Und was ist eigentlich an den gesetzlichen Regelungen unfair? Schließlich werden seit Jahren hiernach Scheidungen ausgesprochen. Der Gesetzgeber teilt ja gerecht jeweils zur Hälfte auf. Dennoch kann man immer wieder große Unzufriedenheit vernehmen. Frauen würden bevorzugt, mit dem Selbstbehalt könne man nur an der Armutsgrenze leben, eine zweite Ehe sei nicht möglich und so weiter. Sicherlich sind die Argumente vielfältig, genauso vielfältig wie die Auseinandersetzungen vor den Gerichten.

Häufig werden die gesetzlichen Regelungen aber auch nicht verstanden. Man streitet sich bis aufs Messer und fühlt sich dann am Ende ungerecht behandelt. In diese Situation werden Sie wahrscheinlich jetzt bereits nicht mehr geraten, da Sie einen Eindruck davon bekommen haben, wie der Gesetzgeber vorgeht, warum er so oder so entscheidet und warum Sie gegebenenfalls im Prozess gar nicht angehört werden. Mithilfe **Wissen** dieses Wissens können Sie bereits vorausschauend erkennen, wie eine gerichtliche Entscheidung wohl für Sie ausginge.

Dennoch kann die gesetzliche Lösung gerade in Ihrem Fall unfair sein. Denn die vom Gesetzgeber vorgesehene Aufteilung trifft Ihre persönliche Situation unter Umständen gar nicht. Noch anders ausgedrückt, sie ist in Ihrer Situation gar nicht gewollt oder möglich. Sie empfinden die gesetzliche Regelung für sich selbst als unfair. Das mag zutreffen, wenn man an Selbstbehalt und Rentensplitting sowie an viele weitere Verfahren denkt. Zudem können die auf Sie zukommenden Geldzahlungen zu einschneidenden Konsequenzen führen. Eine Situation kann eintreten, die sicherlich nicht beabsichtigt oder gewünscht wird. Um dies zu vermeiden, gilt es also, anhand der gewonnenen Kenntnisse zum Scheidungsverfahren eine faire Lösung für Sie zu entwickeln. Eine faire Lösung, die insbesondere Ihrem Einzelfall gerecht wird.

Vorweg sagen möchte ich zunächst, dass eine solche Auseinandersetzung nur möglich ist, wenn Sie und Ihr Ehepartner noch miteinander reden. Streitsituationen – auch wenn Sie sich natürlich in einer Krise befinden – sollten Sie möglichst vermeiden. Denn aus der Scheidungspraxis ist bekannt, dass gute, faire Lösun- **Zusammen-** gen immer nur auf der Basis des Zusammenarbeitens **arbeit** funktionieren, der gegenseitigen Rücksichtnahme auf die jeweilige Situation des anderen und das Arbeiten an einer gemeinsamen Lösung in Form von Geben und Nehmen.

Auch moderne Modelle der Verfahrensführung – zum Bcispiel die Möglichkeit der Mediation – zielen auf Gemeinsamkeiten ab. Nur Sie und Ihr Ehegatte zusammen können einen Weg zur fairen Scheidung finden, nur Sie allein können feststellen, ob die Lösung tatsächlich gerecht und vor allem realisierbar ist.

Realisierbare Lösung

Fairness bedeutet natürlich keineswegs, dass eine Lebenssituation gefunden werden muss, die nur Ihnen genehm ist, mit der Sie allein nach der Scheidung leben können. Nein, auch Ihr Ehegatte muss sich mit den getroffenen Regelungen einverstanden erklären. Auch er muss mit dem gefundenen Weg zurechtkommen. Denn er kann genauso um seine Rechtsposition kämpfen und ist keinesfalls nur auf Ihr Wohlwollen angewiesen.

Der Sinn eines Vergleichs oder einer Einigung ist gerade das Geben und Nehmen. Jede der Parteien muss von ihren Rechtspositionen abtreten, etwas geben und kann dafür auch etwas nehmen. Keiner der Beteiligten darf sich übervorteilt fühlen. Aber zum Weg der fairen Scheidung gehört mehr, als nur einen Vergleich zu finden, indem man von seinen Rechtspositionen abtritt, gibt oder nimmt. Sie wären schlecht beraten, wenn Sie nur die „Ist-Situation" betrachteten.

Fair wird eine Scheidung für beide Parteien erst dann, wenn ein Weg gefunden wird, den beide Parteien *nach* der Scheidung begehen und akzeptieren können. Sie beide müssen mit dem gefundenen Weg später leben können. Er muss daher realistisch, finanzierbar und vor allem auf den neuen Lebensabschnitt abgestellt sein. Ferner muss, sofern vorhanden, an die Kinder gedacht werden. Wie soll es mit ihnen weitergehen? Erst

Finanzierbarer Weg

Keine Probleme wenn es Ihnen gelingt, einen vernünftigen, akzeptablen Weg der konstruktiven Auseinandersetzung zu finden, werden Sie später keine Probleme mit den Kindesbelangen haben, denn Ihr Ehegatte respektiert Sie in diesem Punkt nach wie vor.

Voraussetzung für eine faire Scheidung ist es also, einen Kompromiss zu finden, der sowohl Ihre wie auch die Situation Ihres Ehegatten und Ihrer Kinder heute und zukünftig berücksichtigt. Dabei wird der Weisheit letzter Schluss sicher nicht gefunden, da sich Ihre Lebensverhältnisse weiterhin immer wieder neu gestalten. Ein neuer Arbeitsplatz, räumliche und örtliche Veränderungen und womöglich ein neuer Lebensgefährte: Das alles sind Umstände, die vielleicht eintreten, aber heute nicht mitbedacht werden können.

Gemeinsame Ziele Maßgeblich für die faire Auseinandersetzung sind die gesetzlichen Regelungen. Hier ist eine Basis bereits vorgegeben, anhand deren man feilschen kann. Darüber hinaus sind Zeit- und Umstandsmomente zu bedenken. Rechte sind ebenso wie geldwerte Vorteile abzuwägen und geschickt zu verteilen. Gemeinsamkeiten und gemeinsame Ziele markieren auch nach der Scheidung den Weg, um eine individuelle Lösung zu finden.

BEISPIEL

Die erarbeitete Lösung muss im Einklang mit dem Gesetz stehen. Nur allzu oft hat der Gesetzgeber in der jüngsten Vergangenheit notarielle Eheverträge, aber auch Scheidungsfolgenvereinbarungen wegen Sittenwidrigkeit in Form der Benachteiligung eines Ehegatten aufgehoben.

Bedenken Sie dies und treffen Sie eine Regelung für den Notfall.

Begeben wir uns also ein weiteres Mal in das „Haus des Familienrechts" und schauen wir in den einzelnen Zimmern nach, welche Regelungen Ihnen helfen könnten, eine faire Auseinandersetzung zu führen.

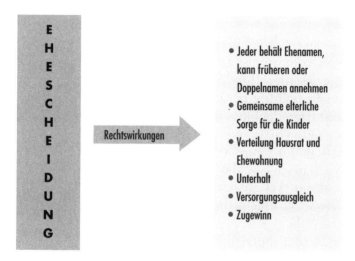

Regelungen zum Scheidungsantrag

Wenn man sich zur Scheidung entschlossen hat, heißt das noch lange nicht, dass auch der Ehepartner hiermit einverstanden ist. Sprechen Sie mit ihm darüber und muten Sie ihm nicht ein unerwartetes Schreiben vom Anwalt zu.

Sollten Sie sich nicht scheiden lassen wollen, wissen Sie, dass Sie sich gegen den Scheidungswunsch Ihres Partners letztlich nicht wehren können. Sich in einem solchen Fall zu sperren bringt nichts, außer dass sich die Gesamtsituation noch weiter verschlechtert. Versuchen Sie lieber, schnell Ihre Einstellung zu ändern, um eine faire Lösung zu finden.

Lösung finden

121

**Trennungs-
beginn**

Sind Sie beide mit der Scheidung einverstanden, können Sie mit den Terminen des Trennungsjahrs jonglie-
ren. Sind Sie sich über den Trennungsbeginn einig,
stimmt dem auch das Gericht zu, denn nachprüfen
kann es den Zeitpunkt nicht, insbesondere wenn Sie
ihn gemeinsam benennen. Ein Scheidungsantrag ist in
einem solchen Fall schnell zu stellen.

Regelungen zum Versorgungsausgleich

Der Versorgungsausgleich ist vom Grundsatz her immer mit durchzuführen. Dennoch gibt es Möglichkeiten, ihn in speziellen Fällen auf Antrag hin durch das
Gericht auszuschließen. Dann nämlich, wenn die Ehezeit nur von geringer Dauer war und die Ausgleichs-
anwartschaften gering sind oder wenn beide Ehegatten
ungefähr gleiche Anwartschaften erworben haben und
weiterhin abgesichert sind.

Es besteht darüber hinaus die Möglichkeit, eine alternative Absicherung im Versorgungsausgleich zu
treffen, zum Beispiel durch Zahlungen einer Rente
beziehungsweise die Absicherung durch eine Privat-
rente.

**Keine
Antwart-
schaft**

Gleiches gilt auch, wenn die Durchführung des Versorgungsausgleichs unbillig wäre, weil eine Person
keine Anwartschaften erworben hat. Betroffen sind
zum Beispiel häufig Freiberufler und Selbständige, die
nicht für die Altersversorgung vorgesorgt haben. Ist
eine solche oder ähnliche Situation bei Ihnen gegeben,
müssen Sie das Gericht bitten, den Versorgungsausgleich aufgrund der vorgetragenen Gründe auszuschließen.

Nach der Reform sollen alle Anwartschaften zwischen den Ehegatten aufgeteilt werden. Das kann in der Abwicklung und im Einzelfall zu Schwierigkeiten führen, insbesondere bei Lebensversicherungen oder noch nicht zuteilbaren Betriebsrenten. Hier bietet sich die Möglichkeit an, die Anwartschaften nicht zu teilen, sondern eher die eine oder andere ganz zu übertragen. Zu finden ist immer die für Sie beide fairste und machbare Lösung.

Regelungen zur Hausratsteilung

Hier sind die bereits im Kapitel zum Hausratsverfahren angesprochenen Maßnahmen ausreichend, eine Möglichkeit für Sie zu finden. Doch sollten Sie auf alle Fälle schriftlich festhalten, dass der Hausrat endgültig geteilt worden ist. Dies vermeidet für alle späteren Zeiten Streit.

Streit vermeiden

Regelungen zum Zugewinn

Beim Zugewinn geht es – sofern er tatsächlich ausgerechnet werden muss – um eine zu zahlende Geldforderung. Hier bieten sich mehrere Möglichkeiten an.

Einerseits kann man, um eine genaue Berechnung zu vermeiden, einen Geldbetrag zum Ausgleich anbieten. Nach den bereits beschriebenen Vorgaben können Sie den Zugewinn grob ausrechnen, um eine Rechnungsgröße zu finden. Da häufig eine Einmalzahlung unmöglich erscheint, können Sie Zahlungsmodalitäten wie Ratenzahlung, Stundung oder andere Finanzierungsmöglichkeiten festlegen.

Andererseits geht es beim Finden einer fairen Lösung nicht nur um Einzelpositionen, sondern meistens um einen Gesamtvergleich. Insbesondere beim Zugewinn müssen Sie die anderen zu regelnden Punkte mit bedenken, da ja grundsätzlich für die Zukunft eine finanzierbare Gesamtlösung gefunden werden soll. So könnte zum Beispiel – auch in Verbindung mit Unterhaltsfragen – das Haus zur Abgeltung des Zahlungsanspruchs übertragen werden, oder man räumt lebenslange grundbuchrechtlich abgesicherte Wohnrechte ein.

Nutzungsrechte Man kann Nutzungsrechte auch zeitlich begrenzen, indem man beispielsweise bis zum Auszug der Kinder das Haus hält und erst dann an einen Verkauf denkt. Der in Anspruch genommene Wohnwert kann dann auch Unterhaltskosten mindern, da keine Mietkosten anfallen. Bei solchen Regelungen zum Wohle der Kinder sind aber die Nebenkosten zu berücksichtigen. Gerade in der jetzigen Zeit, da die Werte von Immobilien im Keller liegen, ist eine solche Lösung vorzuziehen.

Grundbuchrechtlich abgesicherte Wohnrechte stellen auch einen Teil der Kostenersparnis im Alter dar, was bei Regelungen zum Versorgungsausgleich mit zu bedenken ist. Ein Wohnrecht ist nicht übertragbar und bedeutet, dass es nur vom Berechtigten ausgeübt werden darf. Zu berücksichtigen bei Wohnrechten ist, was alles zum Wohnrecht dazugehören soll, wer für die Kosten, einschließlich der von Renovierungen oder Reparaturen, aufzukommen hat.

Meistens ist bei Immobilienbesitz ebenso die Eigentumslage zu bedenken, vorausgesetzt, beide Parteien sind im Grundbuch eingetragen. Eine einfache Regelung nach der Art „Du bleibst im Haus und kannst da mit den Kindern wohnen" funktioniert meistens nicht; denn hierbei wird der zu zahlende Abtrag unberücksichtigt gelassen, der ja weiterhin zur Vermögensbildung zu leisten ist. Ebenso dürfen laufende Hausversicherungen und Steuern nicht vergessen werden.

Immobilienbesitz

Es bestünde für Sie die Möglichkeit, Ihre so genannte ideelle Miteigentumshälfte am Hausgrundstück zu übertragen. Dann müssen Sie eine Regelung für die gesicherten Rechte der Banken aus den zugrunde liegenden Darlehensverträgen finden. Es besteht in einem solchen Fall die Möglichkeit, den anderen seitens der kreditierenden Bank von den mit eingegangenen Verbindlichkeiten freizustellen. Ist das nicht möglich, so sollte zumindest eine Freistellung im Innenverhältnis geschehen. Im Grunde genommen geht es bei diesen Freistellungsregelungen um die rechtliche Gestaltung von Schuldverhältnissen mit mehreren Beteiligten. Um diese Problematik wirklich anschaulich und verständlich zu machen, ist in Anhang X ein lesenswerter Beispielfall wiedergegeben.

Ebenso könnte die Haushälfte übertragen werden, um sie den Kindern als Erbe zu sichern. Nur für den Fall eines Verkaufs könnte eine bestimmte Summe grundbuchrechtlich gesichert werden.

Erbe der Kinder

> **BEACHTE**
>
> Eine Übertragung auf die minderjährigen Kinder ist nicht ohne Weiteres möglich. Es bedarf für die Übertragung einer familienrechtlichen Genehmigung, weil damit auch Nachteile, wie zum Beispiel die Leistung von Grundsteuern, verbunden sind, die dann den Kindern aufgebürdet werden.
>
> Bei der Übertragung auf die Kinder wird bei diesen bereits jetzt ein Vermögen gebildet. Das könnte sich bei späteren behördlichen Anträgen, wie etwa aufs Bafög, nachteilig auswirken.

Ähnliche Möglichkeiten haben Sie bei anderen Vermögensgegenständen oder -bildungsmaßnahmen. Da es häufig kostspielig ist, beispielsweise einen Bausparvertrag frühzeitig aufzulösen, können bereits jetzt Regelungen für die spätere Auszahlung getroffen werden.

Schließlich sei hier noch erwähnt, wie man den Hauswert kostengünstig bestimmen kann. Häufig fragt man sich ja: „Was ist mein Haus heutzutage wert?" Insbesondere bei der Frage des erzielten Zugewinns ist dieser Umstand von hoher Bedeutung. Natürlich können Sie vereinbaren, ein Gutachten über den Katasterausschuss einzuholen oder einen vereidigten Sachverständigen mit der Begutachtung zu beauftragen. Solche Gutachten kosten jedoch etliche tausend Euro. Hier bietet sich eine weitere Regelung an. Sie könnten beispielsweise vereinbaren, dass jeder selbständig einen freien Hausmakler mit der Begutachtung beauftragt. Solche Gutachten kosten wenige hundert Euro. Bereits vorher einigt man **Kosten-** sich auf den Durchschnitt der ermittelten Werte der **günstige** beiden Makler. Eine kostengünstige und realistische, **Lösung** faire Lösung.

Regelungen zum Sorge- und Umgangsrecht

Bei Regelungen zum Sorge- und Umgangsrecht handelt es sich zwar um unterschiedliche Bereiche, aber Vereinbarungen in diesem Zusammenhang sind immer sinnvoll.

Bei sorgerechtlichen Regelungen sollte es – wie vom Gesetzgeber vorgesehen – bei der gemeinsamen elterlichen Sorge bleiben. Es gibt nur wenige Gründe, diese umzuändern. Bei den einzelnen Aspekten der elterlichen Sorge sieht dies schon anders aus. Bereits im Kapitel über das Sorgerechtsverfahren wurde eingehend darauf hingewiesen, dass aus Praktikabilitätsgründen Bestandteile übertragen werden könnten.

**Gemein-
same Sorge**

Sinnvoll ist auch, festzuhalten, dass der andere Elternteil über ärztliche und schulische Belange jeglicher Art informiert wird. Man kann darüber hinaus vereinbaren, dass der nichterziehende Elternteil das Recht hat, schulische Belange bei der Schulbehörde abzufragen. Es gibt immer wieder Streit, der bereits durch eine solche schriftlich fixierte Verpflichtung vermieden werden kann.

Kommen wir zum Umgangsrecht. Hier muss eine Regelung getroffen werden. Diese sollte nicht nur schriftlich festgehalten, sondern zudem möglichst genau auf alle Eventualitäten und Zeiten ausgedehnt werden. Einfache Regelungen wie „Alle 14 Tage von freitags 18.00 Uhr bis sonntags 18.00 Uhr" enthalten Sonderfälle nicht, und es kann zu späteren Auseinandersetzungen kommen. Hilfreich hierzu ist der Textentwurf in Anhang II.

Sonderfälle

Jugendamt

Auch sollten Sie sich bereits jetzt dazu verpflichten, im Falle eines Streits wegen der Kinder beziehungsweise des Umgangs ein gemeinsames Gespräch beim Jugendamt zu suchen. Viel zu schnell verhärten sich die Fronten, wenn es um die Kinder geht. Die Probleme liegen häufig nur auf der Elternebene, denn Ihre Kinder lieben Sie beide. Scheuen Sie sich also nicht, auf diese Vermittlung bereits vorsorglich hinzuweisen, denn trotz einer momentan guten Übereinkunft in diesen Angelegenheiten kann sich die Situation schnell ändern.

Hingewiesen sei in diesem Zusammenhang noch auf die Möglichkeit einer Vollstreckung. Umgangsrechte sind nicht vollstreckbar, denn kein Gerichtsvollzieher der Welt wird Ihr Kind zum Umgang zu Ihnen bringen. Aber Sie haben die Möglichkeit, zu beantragen, dass sich das Gericht die gefundene Regelung „zu eigen" macht. Dies setzt Sie zumindest später in die Lage, bei Vereitelung des Umgangsrechts juristische Schritte mit Zahlungsanträgen einzuleiten.

Bedenken Sie auch das Alter der Kinder. Je größer sie werden, spätestens nach der Pubertät, gehen sie eigene Wege und brauchen mehr Freiräume. Inwieweit regelmäßige Umgangszeiten sich dann noch mit den Interessen Ihrer Kinder in Einklang bringen lassen, ist eine Entscheidung des Einzelfalls. Vereinbaren Sie stattdessen vielleicht eher großzügige Ferienzeiten, während deren Sie mit dem Kind in Urlaub fahren.

Ferienzeit

Regelungen zum Kindesunterhalt

„Regelungen zum Kindesunterhalt" sind vom Wortsinn her missverständlich. Auch in der Praxis wird der

Anwalt immer wieder bei Gesamtregelungen gefragt, ob der Kindesunterhalt nicht ausgeschlossen werden kann.

Diese Frage kann man mit einem deutlichen Nein beantworten. Einfach gesagt, können Sie als Sorgeberechtigter nicht über die Lebensgrundlage Ihrer Kinder verfügen. Eine solche Regelung hält keiner gerichtlichen Prüfung stand. Dementsprechend ist – quasi als Kernstück – auch eine Regelung zum Kindesunterhalt zu treffen.

**Lebens-
grundlage
der Kinder**

Hier ist natürlich die Düsseldorfer Tabelle abzüglich des hälftigen Kindergelds in der ersten Einkommensgruppe mit dem Mindestkindesunterhalt für eine Regelung als unterste Stufe maßgeblich. Die erste Gruppe stellt insoweit den Unterhalt dar, der auf jeden Fall zu zahlen ist.

> **BEACHTE**
>
> Sofern Ehegattenunterhalt zu zahlen ist und man sich über die Zahlung einigt, ist es besser, den Kindesunterhalt gering zu halten. Denn nur den Ehegattenunterhalt können Sie sowohl nach altem wie auch nach neuem Recht steuerlich absetzen. Ist der Betrag höher, kann man auch mehr geltend machen. Die hier genannten Unterhaltsbeträge werden ja ohnehin an *eine* Person gezahlt. Wichtig ist jedoch, dass Sie auf Ihrem Dauerauftrag vermerken, welche Position des Gesamtbetrags Kindesunterhalt und welche Ehegattenunterhalt sein soll. Oder Sie richten gleich zwei Daueraufträge ein.

In wenigen Ausnahmefällen, so zum Beispiel, wenn der Unterhaltsverpflichtete zur Zeit aufgrund von Arbeitslosigkeit nicht zahlen kann, dafür aber seine Haushälfte überträgt, besteht die Möglichkeit, dass der andere Ehegatte ihn von sämtlichen Kindesunterhaltszahlungen freistellt. Eine solche Freistellung im Innenverhältnis kann im Einzelfall auch über die Volljährigkeit der Kinder hinaus vereinbart werden. Aber sie sollte sehr gut überlegt sein. Viel zu schnell wird eine derartige Regelung als Patentrezept aus dem Hut gezaubert, um eine Gesamtregelung hinzubekommen; **Freistellung** eine solche Freistellung birgt aber erhebliche Risiken.

In der heutigen Zeit fallen auch häufig Mehr- und Sonderbedarfsfälle an. Wenn man allein an die kostspieligen Schulbücher denkt, wird das schnell klar. Sinnvoll ist es daher, lediglich den Mindestkindesunterhalt zu zahlen, dafür aber zweimal im Jahr für solche Fälle eine Sonderzahlung zur Verwendung für Mehr- und Sonderbedarf auszusprechen.

In diesem Zusammenhang sei ebenso erwähnt, dass es sinnvoll ist, ärztliche Zusatzversicherungen für die Kinder abzuschließen. Nicht jede Krankenkasse übernimmt zum Beispiel teure kieferorthopädische Maßnahmen.

Regelungen zum Ehegattenunterhalt

Das eben Gesagte gilt nicht mehr beim Ehegattenunterhalt. Hier können Sie selbst – ausgenommen im Fall der Not – frei verfügen. Und das ist auch gut so, denn im Rahmen einer fairen Scheidung kann gerade über diese Position der Lage entsprechend verhandelt werden.

Hier bieten sich Regelungen der Höhe nach, der zeitlichen Begrenzung oder sogar des einseitigen beziehungsweise gegenseitigen Verzichts an.

Lediglich eins muss man bei der Gestaltung des Ehegattenunterhalts bedenken. Es muss eine Regelung für den Notfall getroffen werden. Dies ist wichtig, da ansonsten die gesamte Vereinbarung unwirksam sein könnte. Hier hat der Gesetzgeber einen Schutz der Allgemeinheit vorgesehen. Es soll nämlich nicht sein, dass eine in Not geratene Person die Allgemeinheit um Sozialhilfe bittet, obwohl gerade diese Person unterhaltsberechtigt wäre. Der Ausschluss vom Ehegattenunterhalt nur in einem solchen Fall ist dann unwirksam, was unter Umständen dazu führen kann, dass der gesamte Vertrag unwirksam ist. Fügen Sie daher die Klausel ein: „Die getroffene Regelung soll ausgenommen den Fall der Not gelten."

Regelungen sonstiger Art

Bisher haben wir uns mit den Regelungen lediglich an die Vorgaben der Verfahren gehalten und nach den wichtigsten Vereinbarungen gesucht, die faire Lösungen für die künftige Situation enthalten. Darüber hinaus gibt es jedoch in vielen Fällen weiteren Regulierungsbedarf. Nicht dass jetzt jede etwaige Situation kleinlich aufgelistet werden soll. Wir befinden uns nicht in den USA, wo bereits Eheverträge mehrere hundert Seiten ausmachen. Nein, gemeint ist die Regelung praktischer Angelegenheiten, die späteren Streit vermeiden hilft und für beide Parteien einen gangbaren Weg aufzeigt.

Eheverträge

Überlegen sollten Sie zum Beispiel, ob Nutzungsverhältnisse (Ferienhaus, Boot und so weiter), der Umgang mit Haustieren (Pferde), besuchsrechtliche Kontakte zu Dritten (Großeltern), ferner steuerrechtliche

Fragen (Abgabe des Einverständnisses zur Anlage U)
mit geklärt werden sollten. In diesen Punkten lauern
zukünftige Streitherde.

Sie brauchen aber nicht alles jetzt schon bis ins Klein-
ste zu regeln, denn die Zeit und die Lebensumstände
verändern vieles. Vielleicht steht ja auch der eine oder
andere Punkt noch nicht an, schmerzt oder soll nicht
angesprochen werden. Sie befinden sich in einer Krise,
die sich teilweise logischer Argumentation entzieht.
Lassen Sie derartige Punkte offen, aber vereinbaren Sie
zum Beispiel, dass Sie im Streitfall gemeinsam eine Beratungsstelle aufsuchen.

Das Festhalten von Regelungen

Unabhängig vom Inhalt Ihrer Vereinbarungen stellt
sich noch die Frage, wie solche Regelungen festgehalten werden können.

**Schriftliche
Verpflich-
tung**
Vor dem Prozess bieten sich die beschriebenen Me-
diationsgespräche an, die mit einer schriftlichen Verpflichtung enden. Ebenso werden in solchen Fällen
gern Vierergespräche mit den Anwälten und Ihnen
geführt, um lang andauernde Verfahren zu vermeiden. Hierbei trifft man sich in der Kanzlei eines der
Anwälte und bespricht die Gesamtsituation. Ferner
bleibt es Ihnen natürlich auch vorbehalten, eine derartige Regelung selbst mit Ihrem Partner aufzuset-
zen.

Grundsätzlich sind solche Regelungen durch einen
notariell beglaubigten Vertrag festzuhalten. Ebenso
möglich und in den meisten Fällen günstiger sind

Scheidungsfolgenvergleiche, die dem Gericht im Scheidungstermin zu Protokoll gegeben werden können. Beide Möglichkeiten stehen Ihnen offen. Letztlich ist es eine Kostenfrage.

Kostenfrage

KAPITEL 10

Maßnahmen nach der Scheidung

Auch nach der Scheidung sind einige wichtige Maßnahmen zu ergreifen. In Anhang XI ist zu diesem Thema eine Checkliste für Sie vorbereitet. Hier jedoch erst einmal das Dringlichste. Eine der wichtigsten und unbedingt zu beachtenden Folgen ist, dass mit Rechtskraft der Scheidung der Krankenversicherungsschutz entfallen könnte. Häufig sind Ehepartner kostenfrei im Rahmen der Familienversicherungen mit krankenversichert gewesen. Innerhalb einer Frist von drei Monaten entfällt die Mitversicherung. Ebenso entfällt die Beihilfeberechtigung bei Ehegatten von Beamten. Sie sollten also so früh wie möglich die Aufnahme bei einer gesetzlichen Krankenkasse beantragen.

Familienversicherung

ACHTUNG

Die Frist von drei Monaten zur Ummeldung ist unbedingt einzuhalten. Danach können die gesetzlichen Krankenversicherungen die Mitgliedschaft ablehnen, und für Sie bleibt dann nur die Möglichkeit, sich bei einem privaten Anbieter zu versichern. Das kann gegebenenfalls recht teuer werden.

Nach der Scheidung sind steuerrechtliche Angelegenheiten zu bedenken. Neben der Änderung der Lohnsteuerklasse, eventuell auch dem Wegfall der Familienzulage, ist zu entscheiden, wer die Kinderfreibeträge erhalten soll. Erkundigen Sie sich darüber hinaus über die Absetzbarkeit von Ehegattenunterhalt im Rahmen des Realsplittings.

Neben der Krankenversicherung sollten Sie auch an andere Versicherungen denken. Ist eine Rechtsschutz- oder Hausratversicherung noch gegeben? Wie sieht es mit der getroffenen Vereinbarung der Begünstigung Ihrer Lebensversicherung aus? Wichtig ist auch, dass Sie mit Ihrem Versicherungsvertreter die Kraftfahrzeugversicherung durchsprechen. Durch die Scheidung könnten sich Umstände ergeben haben, die zu einem anderen Tarif führen, sodass Sie diese Verträge unbedingt überprüfen lassen müssen. Ansonsten könnte Ihnen die Versicherung im Schadensfall eine Obliegenheitsverletzung vorwerfen. Alle diesbezüglichen Vertragsverhältnisse sind nun auf Ihre neue Lebenssituation und Ihre Wünsche umzustellen.

Neben Versicherungen müssen Sie noch weitere Verträge überdenken. Der Mietvertrag sollte endgültig umgeschrieben werden, wozu Sie die Zustimmung des Vermieters brauchen. Ebenso sollte ein Postnachsendungsauftrag eingerichtet werden. Bei Leasingverträgen sind die Benutzerbestimmungen und die Laufzeiten genau zu überprüfen, ebenso, ob die ausgehandelten Bedingungen noch bestehen. Bei Verträgen sämtlicher Art ist auch zu bedenken, ob man sie eventuell gar nicht mehr benötigt. Dementsprechend sind bei unwichtigen laufenden Verträgen Kündigungen auszusprechen.

Mietvertrag

Sinnvoll ist es auch, sofort ein Haushaltsbuch zu führen, in das Sie täglich alle Ausgaben eintragen. Nur so gelingt es Ihnen, einen Überblick über Ihre Finanzen zu erhalten. Spätestens nach einem Monat wissen Sie selbst, wie hoch der Etat war, was überflüssige Ausgaben sind und wo Sie am besten einkaufen soll-

Haushalts-buch

135

ten. Auch wenn es Mühe macht, ein solches Buch zu führen, die daraus gewonnenen Erkenntnisse helfen Ihnen sehr viel weiter.

Namen Haben Sie an Ihren Namen gedacht? Nach der Scheidung können Sie ihn wieder ändern, sofern der Ehename nicht Ihr Geburtsname war. Erforderlich ist hierzu eine Erklärung gegenüber dem Standesamt. Folgende Varianten sind möglich:

- Sie nehmen wieder Ihren Geburtsnamen an,
- Sie stellen den Geburtsnamen vor oder hinter den Ehenamen (Doppelname), oder
- Sie nehmen den Namen an, den Sie vor dem Ehenamen geführt haben.

Kinder hingegen behalten nach der Scheidung den Ehenamen. Wenn Ihr Ehegatte in eine Namensänderung der Kinder einwilligt, können Sie beim zuständigen Standesamt aber auch deren Namen ändern lassen.

In der Regel wird eine solche Einwilligung jedoch nicht erteilt, sodass nur dann noch eine Namensänderung möglich ist, sofern sie dem Wohl der Kinder entspricht.

BEACHTE

Nur im Falle von Kindeswohlbelangen kann der Name bei nicht erteilter Zustimmung des anderen Elternteils geändert werden. Die Zustimmung wird dann nach gerichtlicher Prüfung des Kindeswohls ersetzt. Die Voraussetzungen sind streng geregelt.

Dessen ungeachtet ist es ratsam, den alten Familiennamen als Doppelnamen weiterzuführen. Die Kinder müssen sich so nicht immer wieder wegen der Namensverschiedenheit zum Elternteil rechtfertigen.

Zu denken ist auch an erbrechtliche Folgen einer Scheidung. Hier sind zwei Fälle zu unterscheiden, nämlich ob ein Testament errichtet worden ist oder nicht.

Ist kein Testament errichtet worden, so gilt die gesetzliche Erbfolge. Der Ehegatte ist in einem solchen Fall erb- und pflichtteilsberechtigt. Dies auch dann, wenn die Eheleute bereits über eine lange Zeit voneinander getrennt leben. Die gesetzliche Erbfolge wird erst durch einen bei Gericht eingereichten Scheidungsantrag aufgelöst. Liegen die gesetzlichen Voraussetzungen vor, dann ist der Ehegatte bereits ab diesem Zeitpunkt nicht mehr erbberechtigt. Es bedarf einer tatsächlichen Scheidung also gar nicht mehr. Sind die Eheleute geschieden, ist diese Folge auch ohne Prüfung eingetreten. Erbberechtigt bleiben dann nur noch die Kinder.

Testament

Anders sieht es aus, wenn Sie ein Testament errichtet haben. Dieses wirkt über die Scheidung hinaus. Also stellt sich auch hier die Frage, ob es geändert werden sollte.

Bei Testamenten sind zwei Fälle zu unterscheiden: das einseitige oder das beidseitige Testament. Jeder kann ein einseitiges Testament errichten. Macht er es allein in der vorgeschriebenen schriftlichen beziehungsweise notariellen Form, braucht er es nur zu widerrufen; sofern nötig, kann er ein neues errichten.

Problematischer ist der Fall, wenn beide sich gegenseitig als Erben eingesetzt haben. Meistens ist eine Regelung der Art getroffen worden, dass beim Tod des

Erstversterbenden der gesamte Nachlass auf den Ehepartner übergehen soll und erst mit dem Tod des zweiten Ehepartners die Kinder den gesamten Nachlass erhalten sollen. Das Gesetz hat diese Möglichkeit gerade für Ehegatten geschaffen und gesetzlich nominiert als **Berliner** so genanntes Berliner Testament. Eine Aufhebung **Testament** eines solchen Testaments ist nur möglich, wenn beide Parteien sich darüber einig sind. Denn nicht nur Sie, sondern auch Ihr Ehepartner hat sich dementsprechend verpflichtet. Will nur einer von Ihnen aus dem Testament aussteigen, dann muss er einen Notar bitten, einen schriftlich per Gerichtsvollzieher zugestellten Widerruf zu formulieren. Erst nach dessen Zustellung gilt dieses Testament nicht mehr.

BEACHTE

Im vorliegenden Fall gilt bei zugestelltem Widerruf jedoch wieder die gesetzliche Erbfolge. Sollten Sie bereits in Trennung leben, und es ist noch kein Scheidungsantrag in der Welt, dann müssen Sie gleich mit dem Widerruf ein neues, eigenes Testament errichten. Sonst können Sie die gewünschte Folge – bei plötzlichem Ableben – nicht erreichen.

Sollten Sie kein Testament gemacht, sondern einen Erbvertrag geschlossen haben, gilt das Gesagte ebenso.

Ihre Kinder bleiben auf jeden Fall Ihre Erben. Auswirkungen durch die Scheidung sind nicht zu befürchten. Sie haben weiterhin ihre Erb- und Pflichtteilsansprüche. Diese müssen sie aber gegebenenfalls mit weiteren, später geborenen Kindern teilen. Hier bietet es sich an, bereits in einem Scheidungsfolgenvergleich eine erbrechtliche Regelung zu treffen, wobei die weiter oben stehenden Ausführungen zu diesem Thema, insbesondere der Vermögenszuwachs der Kinder, gut bedacht werden sollten.

Zum Schluss sollten Sie noch an Betreuungs- und Vorsorgevollmachten denken, die über den Scheidungszeitraum hinaus wirken. Wenn Sie solche bereits während der Ehezeit errichtet haben, ist der Inhalt zu überprüfen. Nicht dass die getroffene Regelung dann ausgeschlossen sein sollte, sondern ob die Regelung noch so wie vereinbart ihre Gültigkeit haben soll.

**Vorsorge-
vollmachten**

KAPITEL 11

Schlusswort

Der Weg zu einer fairen Scheidung ist sicherlich nicht einfach. Aber mittlerweile haben Sie gelernt, die gesetzlichen Gegebenheiten für sich und Ihre persönliche Ausgangssituation zu beachten. Sie kennen nun die Verfahren und Regelungen, die auf Sie zukommen.

Die hier beschriebenen Vorgänge, Anregungen, Tipps und dergleichen sollen Sie lediglich dazu animieren, faire Lösungen und Auswege in Ihrem Fall zu finden. Sollten Sie dennoch Fragen oder Anregungen zu diesem Buch haben, werde ich Ihnen unter RAMS0707@ web.de gern antworten. Eine grundsätzliche Haftung für die Richtigkeit des Inhalts in allen Fällen kann nicht übernommen werden, da jede Scheidung ein Einzelfall ist, Gesetze sich ständig ändern und im Zusammenspiel der Normen immer eine spezielle Konstellation gegeben ist.

So sollten Sie dieses Buch – mit all seinen Anregungen zu fairen Regelungen und Tipps – als Leitfaden durch Ihre Scheidung verwenden. Ob die eine oder andere Situation dann für Sie zutreffend ist, können nur Sie selbst entscheiden. Auf der Suche nach Menschlichkeit und Gerechtigkeit, eigener Toleranz und Achtung des Partners gibt es immer einen fairen Weg, scheint es auch noch so aussichtslos zu sein. Und mit der Hilfe von Fachleuten wird es Ihnen auch gelingen, eine für alle gut tragbare Lösung zu finden. Denn schließlich

Mensch-lichkeit und Toleranz

haben Sie bereits durch die Lektüre dieses Buches den ersten Schritt gemacht.

Und es heißt ja auch so schön:

„Wer seinen Gegner kennt, der braucht den Ausgang vieler Schlachten nicht zu fürchten." *(Sunzi)*

Anhang

I. Textentwurf Hausratsteilung

**Hausrats-
teilung**

1. Wir, die Eheleute Petra Mustermann, geb. Muster-
frau, geb. am 6.7.1967, und Peter Mustermann, geb.
am 6. 6. 1966, haben am 20. 2. 2000 die Ehe miteinander geschlossen und uns am 2. 2. 2008 getrennt.

2. Wir sind uns einig, dass der gemeinsame Hausrat
wie folgt getrennt und endgültig aufgeteilt wird.

Petra erhält folgende Gegenstände zum Alleineigentum:

a) Aus dem Flur
Dielenschrank
Schuhschrank
Läufer
3 Deckenlampen

b) Aus dem Wohnzimmer
Esstisch mit 6 Stühlen
Esstischlampe
Silberbesteck …

Peter erhält den restlichen Hausrat.

Im Übrigen sind wir uns einig, dass jeder den auf
ihn zugelassenen Pkw als Alleineigentum und zur
alleinigen Nutzung erhält. Die Leasingrate für den
Audi wird weiterhin von Peter gezahlt.

Wir sind uns einig, dass jeder die Hausratsgegen-stände zum Alleineigentum erhält.

3. Zum Ausgleich der Hausratsteilung ist von Petra ein Betrag in Höhe von 3.000,– € zu zahlen. Die Zahlung wird gestundet und im Zugewinnverfahren angerechnet.

4. Wir sind uns ferner einig, dass Peter die angemie-tete Wohnung in der Heidelbergstraße zur allei-nigen Nutzung endgültig erhält. Wir werden alles unternehmen, dass nach Auszug von Petra der Mietvertrag allein mit Peter Mustermann fortge-setzt werden kann.

5. Diese Vereinbarung soll als endgültig gelten. Wei-tere Rechte stehen uns nicht zu.

Musterstadt, den

_____   _____
Petra Mustermann   Peter Mustermann

II. Sorge- und Umgangsregelung

Erklärung
Wir, Petra und Peter Mustermann, sind uns darüber einig, dass das gemeinsame Sorgerecht für unsere Kinder Paul Mustermann, geb. am 1. 1. 2001, und Paula Mustermann, geb. am 1. 2. 2005, weiterhin von uns als Eltern gemeinsam ausgeübt werden soll.

Sorge-regelung

143

Wir sind uns darüber einig, dass die Kinder bei der Mutter leben und sie das Aufenthaltsbestimmungsrecht hat. Wir sind uns darüber einig, uns gegenseitig über schulische und gesundheitliche Belange der Kinder immer auf dem Laufenden zu halten.

Das Umgangsrecht regeln wir wie folgt: Alle 14 Tage soll Umgang in der Zeit von Freitag, 18.00 Uhr, bis Sonntag, 17.00 Uhr, ausgeübt werden. Sollte ein Umgangstermin aufgrund angekündigter Verhinderung seitens des Vaters ausfallen, so darf er am kommenden Wochenende den Umgang ausüben. Ist ein Kind aus Krankheit verhindert, entfällt der Umgang. Fällt in die Umgangszeit ein wichtiger Termin der Kinder, so werden die Kinder vom Vater im Rahmen seiner Umgangszeiten begleitet.

Die Kinder verbringen die ersten drei Wochen der Sommerferien und die erste Woche der Herbstferien mit dem Vater.

Ferner werden die Osterfeiertage mit dem Vater verbracht, Weihnachten und Silvester wird wechselseitig Umgang ausgeübt; in geraden Jahren Weihnachten bei der Mutter.

Dem Vater, Peter Mustermann, steht das Recht zu, jeden Mittwochabend um 17.00 Uhr mit den Kindern zu telefonieren.

Großeltern   Ihm steht das Recht zu, seine Kinder bei den Geburtstagen zu besuchen, ebenso das Recht, sie nach Absprache bei Geburtstagen der Großeltern väterlicherseits zu Besuchen mitzunehmen.

Weiterhin sind wir uns darüber einig, dass Verhinderungen im Umgang sofort mitgeteilt werden.

Sollte Streit über umgangsrechtliche Fragen auftreten, verpflichten wir uns bereits jetzt, Hilfe durch ein gemeinsames Gespräch bei dem zuständigen Jugendamt zu suchen. Einen solchen Termin kann jeder von uns eigenständig zur Streitvermeidung vereinbaren.

Musterstadt, den

_____   _____
Petra Mustermann   Peter Mustermann

III. Die Mangelfallberechnung

Peter Mustermann hat ein Einkommen von 3.600,– €. Petra Mustermann hat ein Einkommen von 400,– €. Aus der Ehe sind die gemeinsamen Kinder Paul, acht Jahre, und Paula, vier Jahre, hervorgegangen, die seit der Trennung bei der Kindesmutter leben. Peter Mustermann lebt bei seiner neuen Lebensgefährtin Susi Sorglos, mit der er ein weiteres Kind hat, nämlich Suse Sorglos. Susi Sorglos betreut das Baby Suse und hatte zuvor ein Einkommen von 770,– €, das sie aufgrund der Betreuung nun nicht mehr erzielt.

Mangelfall-berechnung

Einkommen von Peter Mustermann

Einkommen von Peter Mustermann	3.600,– €
Abzüglich pauschaler berufsbedingter Aufwendungen	– 180,– €

Abzüglich Schulden, Belastungen		– 720,– €
Hausdarlehen	420,– €	
Hausdarlehen	200,– €	
Konsumentenkredit	100,– €	
Unterhaltsrechtliches Einkommen		2.700,– €

Kinder

Kinder

Paul Mustermann
Geburtsdatum: 1. 1. 2001
Alter: 8 Jahre
Paul Mustermann lebt bei Petra Mustermann.
Petra Mustermann erfüllt die Unterhaltspflicht
durch Pflege und Erziehung.
Petra Mustermann erhält Kindergeld
in Höhe von   64,– €

Paula Mustermann
Geburtsdatum: 1. 2. 2005
Alter: 4 Jahre
Paula Mustermann lebt bei Petra Mustermann.
Petra Mustermann erfüllt die Unterhaltspflicht
durch Pflege und Erziehung.
Petra Mustermann erhält Kindergeld
in Höhe von   164,– €

Suse Sorglos
Geburtsdatum: 1. 1. 2009
Alter: 0 Jahre
Suse Sorglos lebt bei Susi Sorglos.
Susi Sorglos erfüllt die Unterhaltspflicht
durch Pflege und Erziehung.
Susi Sorglos erhält Kindergeld
in Höhe von   164,– €

Unterhaltspflichten

Unterhaltspflichten von Peter Mustermann
Aus dem Einkommen von Peter Mustermann
in Höhe von   2.700,– €
ergibt sich Kindesunterhalt nach der
Düsseldorfer Tabelle, Stand 2009
Gruppe 4: 2.301-2.700, BKB: 1.200,
Abschlag/Zuschlag –2, da zwei weitere
Personen vorhanden sind
Gruppe 2: 1.501-1.900, BKB: 1.000

Gegenüber Paul Mustermann
Tabellenunterhalt DT 2/2   339,– €
Abzüglich Kindergeld   – 82,– €
                                           257,– €

Gegenüber Paula Mustermann
Tabellenunterhalt DT 2/1   296,– €
Abzüglich Kindergeld   – 82,– €
                                           214,– €

Gegenüber Suse Sorglos
Tabellenunterhalt DT 2/1   296,– €
Abzüglich Kindergeld   – 82,– €
                                           214,– €
Gesamt   685,– €

Unterhaltspflichten von Petra Mustermann gegenüber Paul Mustermann

Petra Mustermann erfüllt die Unterhaltspflicht durch
Pflege und Erziehung.

**Gatten-
unterhalt**

Gatten-/Partnerunterhalt

Rangverhältnisse
Petra Mustermann betreut ein Kind von Peter
Mustermann und ist im Rang gemäß
§ 1609 Nr. 2 BGB berechtigt.
Susi Sorglos betreut ein Kind von Peter Muster-
mann und ist im Rang gemäß § 1609 Nr. 2 BGB
berechtigt.
Unterhaltsansprüche gegen Peter Mustermann
Susi Sorglos

Bedarf	770,– €
Unterhalt	770,– €

Jedoch ist dabei der Halbteilungsgrundsatz
verletzt.
Unterhalt mit Bedarfsaufteilung

Einkommen von Petra Mustermann	380,– €

Berechnung des Bedarfs nach Additionsmethode

Einkommen von Peter Mustermann	2.700,– €
Abzüglich Kindesunterhalt (257 + 214 + 214)	– 685,– €
Bleibt	2.015,– €
Abzüglich Erwerbsbonus (2.015 × 1/7)	– 288,– €

Das Resteinkommen ist geringer als das
Erwerbseinkommen und daher für die
Berechnung des Bonus maßgebend.

Bleibt	1.727,– €
Einkommen von Petra Mustermann	380,– €
Abzüglich Erwerbsbonus (380 × 1/7)	– 54,– €
Gesamtbedarf	2.053,– €
Einzelbedarf (2.053 : 3)	684,– €

Unterhalt von Petra Mustermann

Bedarf	684,– €
Zum Ausgleich der Vorteile des Zusammenlebens erhöht um 2 × 5 = 10 Prozent	752,– €
Eigeneinkommen	380,– €
Abzüglich Erwerbsbonus	– 54,– €
Abzüglich Einkommen	– 326,– €
Unterhalt	426,– €

Unterhalt von Susi Sorglos

Bedarf	684,– €
Ermäßigt wegen der Vorteile des Zusammenlebens um 5 Prozent	34,– €
Unterhalt	650,– €

Prüfung der Leistungsfähigkeit

Peter Mustermann bleiben	939,– €
Das ist weniger als der eheangemessene Selbstbehalt von 1.000,– €. Das Defizit beträgt 1.000 – 939 = 61. Unterhalt von Partnern nach § 1609 Nr. 2 BGB: 426 + 650 = 1.076	
Verfügbar sind (1.076 – 61)	1.015,– €
Die Mangelquote beträgt (1.015 : 1.076 ×100) 94,331 Prozent.	
Petra Mustermann erhält nun (426 × 94,331 Prozent)	402,– €
Susi Sorglos erhält nun (650 × 94,331 Prozent)	613,– €
Peter Mustermann bleiben (939 + 24 + 37)	1.000,– €

Leistungsfähigkeit

Verteilungsergebnis

Peter Mustermann		1.000,– €
Petra Mustermann		946,– €
Davon Kindergeld	164,– €	
Susi Sorglos		695,– €
Davon Kindergeld	82,– €	
Paul Mustermann		339,– €
Davon Kindergeld	82,– €	
Paula Mustermann		296,– €
Davon Kindergeld	82,– €	
Suse Sorglos		296,– €
Davon Kindergeld	82,– €	
Gesamt		3.572,– €

Zahlungspflichten

Peter Mustermann zahlt an

Petra Mustermann	402,– €
Paul Mustermann	257,– €
Paula Mustermann	214,– €
	873,– €

IV. Checkliste: anwaltlicher Erstbesuch

Anwalt-licher Erst-besuch

Folgende Unterlagen und Nachweise sind in Kopie zum Ersttermin mitzubringen:

A. Für das Scheidungsverfahren

- Heiratsurkunde (Familienstammbuch)
- Abstammungsurkunden (Familienstammbuch)
- Ehevertrag

- Sonstige Verträge, die Sie mit dem Partner abgeschlossen haben
- Frühere Scheidungspapiere, falls Sie schon einmal verheiratet waren
- Anerkenntnisse oder Urteile bezüglich des Kindesunterhalts
- Die letzten zwölf Gehaltsabrechnungen jedes Ehegatten
- Die letzten drei Steuerbescheide
- Falls Sie selbständig sind, die Bilanzen der letzten drei/fünf Jahre (steuerrechtlicher Endbericht)
- Aufstellung monatlicher/jährlicher Belastungen
- Kopie der Kreditverträge mit Nachweis der dazugehörigen Bedienung
- Versicherungspolicen
- Rentenunterlagen/Sozialversicherungsheft
- Bezeichnung der Vermögenswerte
- Aktiendepoaufstellungen

B. Für Beratungs- oder Prozesskostenhilfe
(zusätzlich/gesondert)

Kostenhilfe

- Bescheide über Sozialhilfe jeglicher Art
- Mietvertrag
- Aufstellung der Nebenkosten des Wohnraums
- Miete/Strom/Wasser/Sonstiges
- Aufstellung der Lebensunterhaltskosten
- Daten mit Kilometerleistungen der Fahrzeuge
- Kreditbelastungen (Darlehen/Kredite)
- Bausparkonten
- Kontoverbindungen und Sparbücher mit Nachweis des letzten Standes
- Nachweis über krankheitsbedingte Kosten
- Nachweis von Unterhaltszahlungen an Dritte

V. Zeitplan

Zeitplan

A. Vorprozessual

- Eheberatungsstellen ausfinding machen
- Überblick über die Kontensituation verschaffen
- Gegebenenfalls Kontovollmachten von gemeinsamen Konten entziehen (sofort)
- Suche nach einer Wohnung
- Auskunftsfristen notieren (sofort)
- Suche nach einem Anwalt (sofort)
- Gehalts- und Steuernachweise des letzten Jahres zusammenstellen (sofort)
- Aufstellung der fortlaufenden Kosten und bezahlter familienbedingter Ausgaben innerhalb des letzten Jahres anhand der Kontobelege erstellen
- Kopien des Familienstammbuchs, der Heiratsurkunde und der Abstammungsurkunden fertigen
- Sozialversicherungsnachweise suchen
- Ordner für außergerichtlichen und gerichtlichen Schriftverkehr anlegen
- Versicherungsverträge ordnen
- Bestandsverzeichnis über das Vermögen erstellen in Anfangs- und Endvermögen mit Nachweisen
- Anwaltsbesuch vorbereiten (sofort)

B. Prozessual

- Gerichtlichen und anwaltlichen Schriftverkehr lesen und abheften
- Bei Fragen Anwalt aufsuchen (sofort)
- Vor Gutachterterminen mit Anwalt sprechen

C. Nach der Scheidung

- Krankenkasse suchen (Frist: 3 Monate!)
- Steuerkarte ändern lassen
- Haushaltsbuch führen
- Namensänderung

VI. Muster für Schriftsätze

Schriftsatz

Beispiel 1: Prozesskostenhilfegesuch

Nach der Reform vom September 2009: Verfahrenskostenhilfe

An das
Amtsgericht Musterbeck
Musterstr. 1
21000 Musterstadt

In der Familiensache
Petra Mustermann ./. Peter Mustermann
7 F 177/09

beantrage ich ebenfalls,

    **mir für das Scheidungsverfahren
Prozesskostenhilfe zu bewilligen.**

Eine Erklärung über die persönlichen und wirtschaftlichen
Verhältnisse ist diesem Schriftsatz beigefügt (Vordruck bei
Gericht erhältlich).

Beispiel 2: Erwiderung auf einen Scheidungsantrag

An das
Amtsgericht Musterbeck
Musterstr. 1
21000 Musterstadt

In der Familiensache
Petra Mustermann ./. Peter Mustermann
7 F 177/09

stimme ich dem Scheidungswunsch meines Ehegatten zu.

Die angegebenen Formalien, insbesondere die Trennungszeit, sind richtig wiedergegeben.

Auch ich möchte kurzfristig geschieden werden. Der Versorgungsausgleich kann nach den gesetzlichen Vorschriften durchgeführt werden.

Die elterliche gemeinsame Sorge für unsere Kinder soll beibehalten werden.

P. Mustermann

VII. Muster eines Scheidungsurteils mit Terminsprotokoll

Nach der Reform vom September 2009 gibt es kein Scheidungsurteil mehr, sondern nur noch einen Beschluss.

Amtsgericht Musterstadt
– Familiengericht –
Az. 7 F 177/09
verkündet am 8. 8. 2009
                    Rechtskräftig
seit dem 8. 8. 2009

Urteil
Im Namen des Volkes

In der Familiensache
Petra Mustermann, geb. am 6. 7. 1967
wohnhaft: Musterstr. 18 in 21000 Musterstadt
– Antragsstellerin –
Verfahrensbevollmächtigte: RAin Justiziane Recht
                                   Rechtsstr. 1
                                   21000 Musterstadt

gegen

Peter Mustermann, geb. am 6. 6. 1966
wohnhaft: Musterstr. 20 in 21000 Musterstadt
– Antragsgegner –
Verfahrensbevollmächtigter: RA Emil Einigkeit
                                   Einigkeit 11
                                   21000 Musterstadt

Beteiligte:
Deutsche Rentenversicherung Braunschweig Hannover, Lange Weihe 2, 30800 Laatzen
Deutsche Rentenversicherung Bund, Postfach, 10704 Berlin

Scheidungs-urteil

155

wegen Ehescheidung
hat das Amtsgericht Musterstadt auf die mündliche
Verhandlung vom 8. 8. 2009 durch den Richter am
Amtsgericht Scheidegern für Recht erkannt:

Die am 1. 1. 2000 vor dem Standesbeamten des Standesamts in Musterstadt (Heiratsregisternummer 03/2000) geschlossene Ehe der Parteien wird geschieden.
Von dem Versicherungskonto Nr. 10 060666 M 001 des Ehemanns bei der Deutschen Rentenversicherung Braunschweig Hannover werden Rentenanwartschaften in Höhe von monatlich 150,– €, bezogen auf den 7. 7. 2009 als Ende der Ehezeit, auf das Versicherungskonto Nr. 10 070767 M 002 der Ehefrau bei der Deutschen Rentenversicherung Bund übertragen.
Es wird angeordnet, dass der zu übertragende Monatsbetrag von dem zuständigen Träger der gesetzlichen Rentenversicherung in Entgeltpunkte (West) umzurechnen ist.
Die Kosten des Verfahrens werden gegeneinander aufgehoben.

I. Scheidung
Tatbestand
Die Eheleute sind deutsche Staatsangehörige.
Sie haben am 1. 1. 2000 vor dem Standesbeamten der Stadt Musterstadt die Ehe miteinander geschlossen.
Aus der Ehe sind die gemeinsamen Kinder
Paul Mustermann, geb. am 1. 1. 2001, und

Paula Mustermann, geb. am 1. 2. 2005, hervorgegangen.

Die Anhörung hat ergeben, dass die Eheleute seit mindestens einem Jahr, aber noch keine drei Jahre getrennt leben. Beide Eheleute sind nicht bereit, die eheliche Lebensgemeinschaft wiederherzustellen. Beide Parteien beantragen, die Ehe zu scheiden. Hinsichtlich der Einzelheiten wird auf das Protokoll der mündlichen Verhandlung verwiesen.

Entscheidungsgründe
Die Ehe der Parteien war gemäß §§ 1564, 1565 BGB zu scheiden, weil sie gescheitert ist. Das ergibt sich aus den glaubhaften Angaben der Parteien über die Dauer des Getrenntlebens und die Ablehnung der Wiederherstellung der ehelichen Lebensgemeinschaft.

II. Versorgungsausgleich

Gründe
Gemäß § 1587 Abs. 1, 2 BGB hat ein Ausgleich der in der Ehezeit erworbenen Versorgungsanwartschaften stattzufinden.
Da die Eheleute am 1. 1. 2000 geheiratet haben und da der Scheidungsantrag am 7. 7. 2009 zugestellt worden ist, dauerte die Ehezeit vom 1. 1. 2000 bis zum 7. 7. 2009.
Der Ehemann hat nach Auskunft der Deutschen Rentenversicherung Braunschweig Hannover in der gesetzlichen Rentenversicherung Rentenanwartschaften im Sinne des § 1587a Abs. 2 Nr. 2 BGB in Höhe von monatlich 400,– € erworben.

Versorgungsausgleich

Die Ehefrau hat nach Auskunft der Deutschen Rentenversicherung Bund in der gesetzlichen Rentenversicherung Rentenanwartschaften im Sinne des § 1587a Abs. 2 Nr. 2 BGB in Höhe von monatlich 100,– € erworben.

Da der Ehemann höhere Rentenanwartschaften erlangt hat, ist er gemäß § 1587a Abs. 1 Satz 1 BGB ausgleichspflichtig. Der Ehefrau steht gemäß § 1587a Satz 2 BGB die Hälfte des Wertunterschiedes zu, also 400,– € – 100,– € = 300,– € : 2 = 150,– €.

Der Ausgleich hat gemäß § 1587b Abs. 1 BGB durch „Splitting" zu erfolgen.

Der Wertausgleich erfolgt in der Weise, dass Anwartschaften des Verpflichteten bei der gesetzlichen Rentenversicherung in Höhe von 150,– € in Entgeltpunkten (West) auf das Konto der Ausgleichsberechtigten bei der gesetzlichen Rentenversicherung so zu übertragen sind, dass die Berechtigte in Höhe des Ausgleichsbetrags eigene Anwartschaften aus der gesetzlichen Rentenversicherung erhält.

Kosten

III. Kosten
Die Entscheidung über die Kosten beruht auf § 93a ZPO.

Scheidegern
Richter am Amtsgericht
Ausgefertigt
Musterstadt, den 8. 8. 2009

Gründlich, Justizangestellte
als Urkundsbeamte der Geschäftsstelle

Amtsgericht Musterstadt

Amtsgericht

– Familiengericht –
Az. 7 F 177/09
Musterstadt, den 8. 8. 2009
Nichtöffentliche Sitzung des Amtsgerichts

In der Familiensache
Petra Mustermann ./. Peter Mustermann
erschienen bei Aufruf:
mit der Antragsstellerin RAin Recht
mit dem Antragsgegner RA Einigkeit
Die Verfahrensbevollmächtigte der Antragsstellerin
beantragt,

die am 1. 1. 2000 vor dem Standesbeamten der Stadt
Musterstadt zur Heiratsregisternummer 03/2000
geschlossene Ehe der Parteien zu scheiden.

Der Verfahrensbevollmächtigte des Antragsgegners
beantragt ebenfalls,

die am 1. 1. 2000 vor dem Standesbeamten der Stadt
Musterstadt zur Heiratsregisternummer 03/2000
geschlossene Ehe der Parteien zu scheiden.

Beschlossen und verkündet
Die Eheleute sollen gemäß § 613 ZPO persönlich zu
den ehelichen Verhältnissen angehört werden.
Die Eheleute erklären:
Es ist richtig, dass wir am 1. 1. 2000 geheiratet ha-
ben. Getrennt leben wir bereits seit dem 2. 2. 2008.

Wir betrachten unsere Ehe als gescheitert. Aus unserer Ehe sind die gemeinsamen Kinder Paul Mustermann, geb. am 1. 1. 2001, und Paula Mustermann, geb. am 1. 2. 2005, hervorgegangen.

Das Gericht hört die Ehegatten auch zur elterlichen Sorge an und weist auf die Möglichkeit der Beratung durch das Jugendamt und die Beratungsstellen der freien Träger der Jugendhilfe hin.

Die zur Durchführung des Versorgungsausgleichs eingeholten Auskünfte werden erörtert und zum Gegenstand der Verhandlung gemacht.

Die Eheleute schließen sodann für den Fall der rechtskräftigen Scheidung die folgende

Ehescheidungsfolgenvereinbarung

1. Sorge und umgangsrechtliche Kontakte

Das gemeinsame Sorgerecht für Paul und Paula Mustermann soll beibehalten werden.

Beide Parteien sind sich einig, dass die Kinder zur Zeit bei der Kindesmutter leben sollen. Ein späterer Umzug zum Kindesvater soll dadurch nicht ausgeschlossen werden.

Für den Fall, dass der Kindesvater über längere Zeit im Ausland arbeitet, soll die Kindesmutter berechtigt sein, schulische, gesundheitliche und behördliche Angelegenheiten selbst zu regeln. Diese Regelung ist begrenzt auf den Auslandsaufenthalt für die bei ihr lebenden Kinder unter den oben genannten Voraussetzungen.

Dem Kindesvater wird ein großzügiges Umgangsrecht eingeräumt.

Ehescheidungsfolgenvereinbarung

Er ist berechtigt, die Kinder jeweils am zweiten und vierten Wochenende eines jeden Monats in der Zeit von freitags 19.00 Uhr bis sonntags 18.00 bis 19.00 Uhr zu sich zu nehmen. Im Falle der Krankheit eines Kindes innerhalb der vereinbarten Besuchswochenenden wird Umgang am dritten Wochenende eines Monats gewährt. Es ist seitens der Kindesmutter darauf zu achten, dass die Kinder am zweiten und dritten Wochenende möglichst keine fortlaufenden Veranstaltungen haben, ausgenommen einmalige Veranstaltungen.

Ihm stehen ferner jeweils die erste Hälfte der gesetzlichen Schulferien sowie Kindergartenferien für alleinige Umgangsrechte zu, immer beginnend vom ersten Wochenende an.

Die gesetzlichen Feiertage Ostern, Weihnachten und Silvester sollen jeweils jährlich im Wechsel bei einem Elternteil verbracht werden.

Für Geburtstage der Kinder soll keine Regelung getroffen werden. Beide Parteien sind sich aber auch hier dem Grundsatz nach einig, dass diese auch im Wechsel stattfinden sollen.

Für den Fall, dass der Kindesvater eine Tätigkeit im Ausland aufnehmen sollte, fallen die monatlichen Besuchsrechte weg; dafür ist er berechtigt, die Kinder in den oben genannten Ferienzeiten vollständig zu sich zu nehmen, was einen Aufenthalt im Ausland nicht ausschließen soll. Ausgenommen ist zur Eingewöhnungsphase die letzte Woche in den Sommerferien.

2. Ehegattenunterhalt

Beide Parteien verzichten – ausgenommen der Fall der Not – auf die Geltendmachung von Unterhaltsansprüchen. Sie sind in der Lage, sich auch zukünftig durch ihre eigenen Einkünfte zu unterhalten. Sollte einer der Parteien in Not geraten, ist er berechtigt, vom anderen nach den dann vorliegenden gesetzlichen Bestimmungen Unterhalt zu verlangen.

**Kindes-
unterhalt**

3. Kindesunterhalt

Der Kindesvater zahlt z. Hd. der Kindesmutter monatlich im Voraus jeweils bis zum 5. eines jeden Monats für den am 1. 1. 2001 geborenen Sohn Paul Mustermann und die am 1. 2. 2005 geborene Tochter Paula Mustermann dynamisierten Kindesunterhalt nach der ersten Einkommensgruppe der Düsseldorfer Tabelle unter Berücksichtigung des anzurechnenden Kindergelds, was somit den Zahlbeträgen von 240,– € und 199,– € entspricht.

Zur Abgeltung von Mehr- und Sonderbedarf werden jährlich pro Kind bis zum siebten Monat eines jeden Jahres 150,– €, insgesamt 300,– €, auf ein gesondert anzulegendes Sparbuch gezahlt. Die Kindesmutter ist berechtigt, über dieses Konto zu verfügen.

4. Zugewinn

Die Parteien sind sich darüber einig, dass der Ehemann seinen hälftigen Miteigentumsanteil an dem im Grundbuch von Musterstadt, Blatt 777, Flur 7, Flurstück 77/07 eingetragenen Gebäude und der Freifläche Musterstraße 18 auf die Ehegattin zum Alleineigentum überträgt.

Der Ehegattin ist der jetzige Zustand des Grundstücks bekannt. Die Haftung für Sach- und Rechtsmängel wird ausgeschlossen.
Die Ehegattin übernimmt alle mit dem Grundstück in Verbindung stehenden Kosten und Gebühren, sofern noch Rückstände bestehen sollten, unter Freistellung des Ehegatten.

Im Grundbuch stehen folgende Belastungen:
Abteilung II: keine.
Abteilung III Nr. 2: 150.000,– € Grundschuld für die Musterbank in Musterstadt.

Die Belastung in Abteilung III Nr. 2 wird von der Ehefrau zur alleinigen Schuld übernommen. Die Musterbank hat bereits ihre Zustimmung zur Schuldübernahme erteilt. Vorsorglich stellt die Ehefrau den Ehemann von allen diesbezüglichen Zahlungsverpflichtungen frei.
Die Parteien sind sich ferner darüber einig, dass zwischen ihnen eine Verrechnung der Nutzung und Lasten des Grundbesitzes für die Vergangenheit nicht erfolgt, und zwar einschließlich der bisher geführten Darlehenstilgungen. Die Übergabe des Grundbesitzes hat bereits stattgefunden.

Die Eheleute erklären:
Wir sind uns darüber einig, dass das hälftige Eigentum des Ehemanns an dem vorstehend näher bezeichneten Vertragsgegenstand, an dem im Grundbuch von Musterstadt, Blatt 777, Flur 7, Flurstück 77/07 eingetragenen Gebäude und der Freifläche

Musterstraße 18 auf die Ehefrau zum Alleineigentum übergehen soll. Wir bewilligen und beantragen die Eintragung der Eigentumsänderung im Grundbuch. Die Ehefrau ist damit Alleineigentümerin.

Das Grundbuchamt in Musterstadt soll eine Ausfertigung des Terminsprotokolls zur Eigentumsumtragung erhalten.

Frau Rechtsanwältin J. Recht wird von beiden Parteien bevollmächtigt, die Durchführung der Grundbuchänderung zu veranlassen und alle erforderlichen Erklärungen für die Parteien abzugeben, um die Eigentumsumschreibung zu veranlassen.

Die mit der Eigentumsänderung verbundenen Kosten trägt die Ehefrau.

Mit dieser Durchführung der Vereinbarung ist der Zugewinn endgültig abgeschlossen und erledigt.

5. Hausrat

Der Hausrat ist geteilt. Eigentum folgt dem Besitz.

6. Steuerfragen

Die Ehegattin stimmt dem Realsplitting gemäß § 10 Abs. 1 Nr. 1 des Einkommensteuergesetzes für den Fall zu, dass Ehegattenunterhaltsleistungen gezahlt werden müssen. Der Ehegatte verpflichtet sich, der Ehefrau die durch die Zustimmung zum Realsplitting entstehende Steuerlast (Nachteil) zu erstatten; wobei dieser Nachteilsausgleich ausdrücklich nur durch den selbst genossenen geldwerten Steuervorteil begrenzt werden soll, auf keinen Fall auf weitergehende Nachteile.

7. Erbrechtliche Bestimmungen

Beide Parteien sind sich einig, dass auf sämtliche Erb- und Pflichtteilsansprüche verzichtet wird.

8. Schlussbestimmungen

Sollte eine dieser Klauseln unwirksam sein, so soll diese Klausel durch die gesetzlichen Bestimmungen ergänzt werden. Der Vergleich soll ansonsten seine Bestandskraft haben.

Der Vergleich wurde den Parteien vorgespielt und genehmigt. Die Parteien beantragen, dass sich das Gericht die sorge- und umgangsrechtliche Einigung zu eigen macht.

Beschlossen und verkündet

Das Gericht macht sich die geschlossene Sorge- und Umgangseinigung zu eigen.
Nach Herstellung der Öffentlichkeit wurde anliegendes Urteil verkündet.

Die Parteivertreter erklärten:
Wir verzichten auf Rechtsmittel, Anschlussrechtsmittel und den Antrag auf Aufhebung gemäß § 629c ZPO gegen das soeben verkündete Urteil.

Scheidegern
Richter am Amtsgericht
Für die Richtigkeit der
Übertragung vom Tonträger:
Gründlich, Justizangestellte,
als Urkundsbeamte der Geschäftsstelle

VIII. Gerichtskostentabelle

(Beträge in €)

Wert bis	1/1 Gebühren
300	25
600	35
900	45
1.200	55
1.500	65
2.000	73
2.500	81
3.000	89
3.500	97
4.000	105
4.500	113
5.000	121
6.000	136
7.000	151
8.000	166
9.000	181
10.000	196
13.000	219
16.000	242
19.000	265
22.000	288
25.000	311
30.000	340
35.000	369
40.000	398
45.000	427
50.000	456

65.000	556
80.000	656
95.000	756
110.000	856
125.000	956
140.000	1.056
155.000	1.156
170.000	1.256
185.000	1.356
200.000	1.456
230.000	1.606
260.000	1.756
290.000	1.906
320.000	2.056
350.000	2.206

IX. Rechtsanwaltsgebührentabelle
(Beträge in €)

**Rechts-
anwalts-
gebühren-
tabelle**

Wert bis	1/1 Gebühren
300	25
600	45
900	65
1.200	85
1.500	105
2.000	133
2.500	161
3.000	189
3.500	217
4.000	245
4.500	273

5.000	301
6.000	338
7.000	375
8.000	412
9.000	449
10.000	486
13.000	526
16.000	566
19.000	606
22.000	646
25.000	686
30.000	758
35.000	830
40.000	902
45.000	974
50.000	1.046
65.000	1.123
80.000	1.200
95.000	1.277
110.000	1.354
125.000	1.431
140.000	1.508
155.000	1.585
170.000	1.662
185.000	1.739
200.000	1.816
230.000	1.934
260.000	2.052
290.000	2.170
320.000	2.288
350.000	2.406

380.000	2.524
410.000	2.642
440.000	2.760
470.000	2.878
500.000	2.996

X. Das Gesamtschuldverhältnis

Viele Eheleute haben während ihrer Ehezeit ein gemeinschaftliches Haus gekauft oder gebaut. Sie wurden als Eigentümer des Hausgrundstücks gemeinsam im Grundbuch eingetragen. Um den Erwerb ermöglichen zu können, haben sie ebenfalls gemeinschaftlich bei einer Bank einen Kredit aufgenommen. Zur Sicherung dieses Kredits ist eine Sicherungshypothek im Grundbuch eingetragen worden.

Gesamt-schuld-verhältnis

Ziel eines Scheidungsverfahrens soll es nun sein, die Haushälfte zu übertragen. Hierzu ist lediglich eine grundbuchrechtliche Veränderung der Eigentumspositionen zu beantragen. Aber was geschieht mit dem Darlehen und der Sicherungshypothek?

Natürlich will derjenige, der die ideelle Miteigentumshälfte des Hauses überträgt, nicht mehr an die Schuldverbindlichkeiten gebunden sein. Denn das Haus gehört ihm ja nicht mehr.

Für die im Grundbuch eingetragene Sicherungshypothek haftet das Grundstück selbst. Das heißt, im Fall eines Verkaufs des Hausgrundstücks muss vom Kaufpreis auch die Sicherungshypothek bedient werden. Die Sicherungshypothek betrifft nur das Grundstück selbst, geht also einher mit den Besitzverhältnissen. Es ist nämlich nur ein Sicherungsrecht für den Darlehensvertrag.

Darlehens-vertrag Der Darlehensvertrag ist ein Schuldverhältnis. Sie haben sich nämlich mit Ihrem Ehegatten als Gesamtschuldner verpflichtet, die geliehene Darlehenssumme gemeinschaftlich an die Bank als Gläubigerin zurückzuzahlen. Die Bank wiederum als Gläubigerin hat zwei Schuldner, nämlich Sie und Ihren Ehepartner, die für die Schuld gemeinschaftlich gesamt aufkommen müssen. In einem solchen Fall spricht man von einem Gesamtschuldverhältnis.

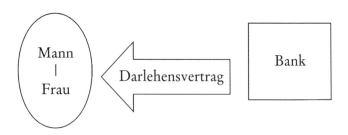

Innenverhältnis   Außenverhältnis

Im Rahmen eines Gesamtschuldverhältnisses spricht man vom Außen- und Innenverhältnis. Im Außenverhältnis hat die Bank zwei Schuldner, die jeweils für sich allein gesehen für die ganze Schuld haften. Was das Innenverhältnis angeht, ist es der Bank zunächst egal, wer für die Schuld aufkommt, Hauptsache, das Darlehen wird bedient.

Nun möchte aber einer der Schuldner, nämlich derjenige, der die ideelle Miteigentumshälfte am Grundstück überträgt, auch im Außenverhältnis zur Bank freigestellt werden. Die Bank soll also auf einen Schuldner verzichten. Dazu bedarf es einer so genannten Freistellungserklärung, die besagt, dass einer vom Darlehensvertrag freigestellt wird. Ob eine Bank eine solche Freistellungserklärung abgibt, ist eine Entscheidung im Einzelfall. Denn schließlich müsste sie auf einen Schuldner verzichten.

Wird keine Freistellungserklärung abgegeben, besteht noch die Möglichkeit, den Partner im Innenverhältnis von jeglicher Inanspruchnahme der Bank freizustellen. Dann würde der andere sich verpflichten, alles zu übernehmen, gleich, was kommen mag.

Aber Achtung! Die Freistellung im Innenverhältnis ist haftungsintensiv. Fällt derjenige aus, der Sie freigestellt hat, kann die Bank aus dem Außenverhältnis nach wie vor gegen Sie vorgehen. Denn Sie haben Ihre Schuldnerstellung aus dem Darlehensvertrag nicht verloren, sondern sind nur im Innenverhältnis freigestellt worden. Die Bank ist nicht verpflichtet, sich in einem solchen Fall an das Sicherungsrecht zu halten.

XI. Checkliste: Maßnahmen nach der Scheidung

* Anmeldung bei einer Krankenkasse
* Steuerklasse ändern
* Kraftfahrzeugversicherung mit Versicherungsvertreter auf geänderte Lebensumstände durchsprechen
* Fahrzeugpapiere umschreiben lassen

Nach der Scheidung

171

- Änderung der Lohnsteuerkarte bei der Gemeinde
- Hausrat- und Rechtsschutzversicherungen über-
denken
- Lebensversicherung bezüglich Begünstigten über-
denken
- Mietvertrag ändern
- Haustürschlösser auswechseln
- Kündigung unwichtiger Verträge
- Postzusendeantrag stellen
- Kontovollmachten kündigen
- Namensänderung beantragen
- Bestandsverzeichnis aufstellen
- Haushaltsbuch führen
- Änderung Testament(e)
- Vorsorge- und Betreuungsvollmachten überdenken

Stichwortverzeichnis

Weitere Titel

Wolfgang Jüngst
Ihr Recht als Mieter
Vom Mietvertrag bis zur Kündigung –
was Sie dürfen, was Sie müssen
ISBN 978-3-7093-0246-0
2009, 200 Seiten
EUR 9,90 (D)/EUR 10,20 (A)

Andreas Heiber
Die neue Pflegeversicherung
Der Antrag – die Pflegestufen –
die Leistungen: Ihre neuen Möglich-
keiten und Chancen
ISBN 978-3-7093-0237-8
2008, 192 Seiten
EUR 9,90 (D)/EUR 10,20 (A)

Eva Schmitz-Gümbel/Karin Wistuba
Erfolgreich zum Traumjob
Coaching zur Berufswahl für Eltern und
Schüler
ISBN 978-3-7093-0213-2
2008, 168 Seiten
EUR 9,90 (D)/EUR 10,20 (A)

Astrid Congiu-Wehle/Joachim Mohr
Das neue Unterhaltsrecht
Wie viel bekomme ich? Wie viel muss
ich zahlen?
ISBN 978-3-7093-0229-3
2008, 168 Seiten
EUR 9,90 (D)/EUR 10,20 (A)

Karin Spitra/Ulf Weigelt
Ihr Recht als Arbeitnehmer
Vom Vorstellungsgespräch bis zur
Kündigung – was darf der Chef?
ISBN 978-3-7093-0218-7
2008, 192 Seiten
EUR 9,90 (D)/EUR 10,20 (A)

Wolfgang Jüngst/
Matthias Nick
Arbeiten und Leben im Ausland
Auswandern oder Überwintern:
alle wichtigen Informationen.
Mit 10 Länderkapiteln von Schweiz
bis USA.
ISBN 978-3-7093-0214-9
2008, 176 Seiten
EUR 9,90 (D)/EUR 10,20 (A)

Rudolf Stumberger
Hartz IV
Das aktuelle Gesetz mit den
neuen Regelungen. Mit verständlichen
Erklärungen zum Ausfüllen des
Antrags.
ISBN 978-3-7093-0224-8
3. Auflage 2008, 152 Seiten
EUR 9,90 (D)/EUR 10,20 (A)

Tibet Neusel/Sigrid Beyer/
Kathrin Arrocha
Immobilienkauf
Haus oder Wohnung – Alles über
Finanzierung, Recht und Steuern
ISBN 978-3-7093-0195-1
2008, 190 Seiten
EUR 9,90 (D)/EUR 10,20 (A)

Andrea Erdmann/
Andreas Kobschätzky
Erfolgreich bewerben
Von der systematischen Vorbereitung
zum souveränen Bewerbungsgespräch
und fairen Arbeitsvertrag
ISBN 978-3-7093-0187-6
2008, 176 Seiten
EUR 9,90 (D)/EUR 10,20 (A)

Hans-Herbert Holzamer
Optimales Wohnen und Leben im Alter
Alle Wohnformen im Überblick – alle
staatlichen Förderungen – Checklisten
und Adressen
ISBN 978-3-7093-0196-8
2008, 176 Seiten
EUR 9,90 (D)/EUR 10,20 (A)

Ralph Jürgen Bährle/
Susanne Hartmann
Nebenjobs
Minijobs und die 400-Euro-Regel –
Ein Wegweiser zum sicheren Zusatz-
verdienst
ISBN 978-3-7093-0139-5
2007, 160 Seiten
EUR 9,90 (D)/EUR 10,20 (A)

Armin Abele/ Bernhard Klinger/
Thomas Maulbetsch/Joachim Müller
Partnerschaft ohne Trauschein
Alle wichtigen Rechtsfragen
ISBN 978-3-7093-0096-1
2007, 184 Seiten
EUR 9,90 (D)/EUR 10,20 (A)

Frank Donovitz/Joachim Reuter/
Lorenz Wolf-Doettinchem
Das 1x1 der Altersvorsorge
In sechs Schritten zu mehr Wohlstand in
der Rente
ISBN 978-3-7093-0150-0
2007, 152 Seiten
EUR 9,90 (D)/EUR 10,20 (A)

Frank Donovitz/
Elke Schulze
Richtig versichern
Welche Versicherung Sie jetzt brauchen
und welche Sie sich sparen können.
ISBN 978-3-7093-0175-3
2007, 144 Seiten
EUR 9,90 (D)/EUR 10,20 (A)

Wolfgang Jüngst/Matthias Nick
Wenn der Nachbar nervt
Rechte und Pflichten in der Nachbarschaft
ISBN 978-3-7093-0174-6
2007, 160 Seiten
EUR 9,90 (D)/EUR 10,20 (A)

Tibet Neusel/Kathrin Arrocha/
Sigrid Beyer
Kinder, Geld und Steuern
Das neue Elterngeld – Steuern sparen
für Familien – Klug vorsorgen. Viele
praktische Tipps und Rechenbeispiele.
ISBN 978-3-7093-0164-7
2. Auflage 2007, 192 Seiten
EUR 9,90 (D)/EUR 10,20 (A)

Inken Wanzek/Christine Rosenboom
**Arbeitsplatz in Gefahr – Das sind Ihre
Rechte**
Kündigung – Beschäftigungsgesellschaft
– Aufhebungsvertrag – Mobbing –
Trennungsgespräche
ISBN 978-3-7093-0152-4
2007, 240 Seiten
EUR 14,90 (D)/EUR 15,40 (A)

Tibet Neusel/Kathrin Arrocha/
Sigrid Beyer
Neue Renten- und Pensionsbesteuerung
Das Alterseinkünftegesetz – Absatzmög-
lichkeiten – Strafverfolgung vermeiden –
Erstattungsansprüche sichern
ISBN 978-3-7093-0118-0
2006, 192 Seiten
EUR 9,90 (D)/EUR 10,20 (A)

Sven Klinger/Joachim Mohr/
Wolfgang Roth/Johannes Schulte
**Patientenverfügung und
Vorsorgevollmacht**
Was Ärzte und Bevollmächtigte für Sie
in einem Notfall tun sollten.
ISBN 978-3-7093-0089-3
2005, 156 Seiten
EUR 9,90 (D)/EUR 10,20 (A)